破解 FBI 思维风暴

燕子 编

哈爾濱工業大學出版社
HARBIN INSTITUTE OF TECHNOLOGY PRESS

图书在版编目(CIP)数据

破解 FBI 思维风暴 / 燕子编. — 哈尔滨 : 哈尔滨工业大学出版社, 2017.1

ISBN 978-7-5603-5946-5

Ⅰ. ①破… Ⅱ. ①燕… Ⅲ. ①犯罪心里学 - 通俗读物 Ⅳ. ①D917.2-49

中国版本图书馆 CIP 数据核字(2015)第 078230 号

破解 FBI 思维风暴

策划编辑　甄淼淼
责任编辑　刘　瑶
文字编辑　白　翎
装帧设计　麦田图文
美术设计　Suvi zhao　蓝图
出版发行　哈尔滨工业大学出版社
社　　址　哈尔滨市南岗区复华四道街 10 号　邮编 150006
传　　真　0451-86414749
网　　址　http://hitpress.hit.edu.cn
印　　刷　牡丹江邮电印务有限公司
开　　本　880mm × 1230mm　1/32　印张 4　字数 87 千字
版　　次　2017 年 1 月第 1 版　2017 年 1 月第 1 次印刷
书　　号　ISBN 978-7-5603-5946-5
定　　价　19.80 元

前言

FBI（Federal Bureau of Investigation）是美国联邦调查局的缩写，是美国的重要情报机构之一。

美国联邦调查局调查所有违反联邦法规的案件，局长由美国总统亲自任命，在美国各州调查案件，各州警察要积极配合。

听起来是不是高端、大气、上档次？

没错，美国的 FBI 特工们也是这么认为的，不过想要成为一名 FBI 特工可不是一件容易的事。美国联邦调查局筛选特工是非常严格的。经过层层选拔出来的 FBI 特工们，当然个个都是人中龙凤。本书的主人公瑞恩特工更是心理方面的专家，最擅长通过肢体语言了解人们隐藏在心底里的秘密。

本书通过瑞恩特工的冒险经历改编而成，将心理学知识通过一个个惊悚刺激的故事展现出来。

聪明的读者朋友，让我们快快出发，和机智的瑞恩特工一起破解惊险的案件吧！

特工瑞恩访谈录 /6

抢劫未遂案 /9

离奇绑架案 /14

丢失的首饰盒 /21

名画失窃案 /27

谁是同伙 /35

停车场谋杀案 /41

头发的秘密 /47

换房记 /53

矛盾的双手 /61

咖啡厅里的试探 /66

朋友的证词 /71

陷入圈套的歹徒 /76

智破凶杀案 /81

阴谋失踪案 /86

杯子的秘密 /93

目录

数字解密 /98
都是咖啡惹的祸 /103
电风扇的破绽 /108
缉拿毒贩 /113
丢失的情报 /119
摄影师之死 /124

特工瑞恩访谈录

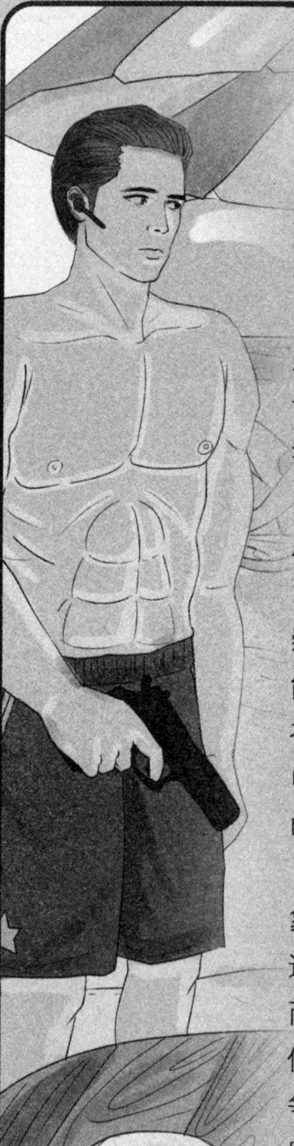

一阵清风吹起了窗边的白色窗帘，在房间里洒下一片温暖的阳光。一位中年男子闲适地喝着咖啡，别看他长得不起眼，他可是 FBI 的王牌特工——瑞恩。

这时从门外进来一个男子。男子看见了窗边的瑞恩，笑着走过去，伸出手说："瑞恩先生，您好！我是山姆，希望我没有迟到！"

"当然没有，山姆，时间刚刚好！"瑞恩边说边给山姆递上了一杯咖啡。

"感谢您，接受我的采访。我一直很崇拜 FBI，虽然最后没能圆特工梦，但是能够采访您，也算完成了我的心愿。现在请您真诚地回答我，FBI 的特工是像电影中所演的那样，个个身怀绝技吗？"山姆问。

"哈哈，电影总是将 FBI 特工的形象艺术化，多少都会有些夸张的成分。不过事实上，FBI 的特工们的确身手不凡，而他们各自所擅长的方面也有所不同。他们最擅长的就是与歹徒进行心理斗争，所谓斗智斗勇，应该就是这个样子。因此我可以毫不犹豫地说，FBI 的特工是世界上最出色的探案警察！”瑞恩自信地说道。

“瑞恩先生，我很想知道您在成为 FBI 特工之前是做什么的？能告诉我吗？”山姆好奇地问。

“当然可以。在成为 FBI 特工之前，我曾经在军队服役，之后在洛杉矶的一个警局工作过两年。在那里，我经常和 FBI 有工作上的往来，接触到了很多案件，因此对探案工作有了更深入的了解，后来我就考取了 FBI。”瑞恩说道。

“那么我要怎样才能成为 FBI 的特工呢？”山姆问。

“很简单，要想成为 FBI 特工，其实并不像想象的那样神秘，在 FBI 的官网上就有招聘广告。只要年龄在 22 至 37 岁之间的美国公民，符合一到两项 FBI 的“特殊专业”条件，都有机会成为一名 FBI 特工，而你的年龄刚好适合。”瑞恩回答说。

山姆听了很高兴，继续问瑞恩：“这是真的吗？那么 FBI 的招聘还有什么别的条件吗？”

瑞恩抿了一口咖啡，回答道：“你需要拥有全日制四年制大学学历，裸眼视力达到 1.0，这些条件你也都符合吧！”

“那太好了，是不是我只要投递了简历就能成为 FBI 探员？”山姆又问。

瑞恩摇摇头，笑着说：“当然没那么简单。山姆，你还需要接受面试，包括认知、行为学、逻辑学、语言能力测试、身体素质测试和测谎仪测试，还要通过背景调查，然后才可以成为一名正式的 FBI 学员。作为一名探员，当然也需要培训上岗。新入职的 FBI 学员需要在弗吉尼亚州的 FBI 学院进行长达 20 周的培训。在这里你会接受包括外语、心理学、格斗、风土人情、追踪与反追踪、情报网的建立和管理等培训，以及你经常在电影中看到的足够炫目的车技训练，如甩尾停车、高速变道等。”

“哇，那真是太刺激了！”山姆兴奋地说。

“年轻人，不要盲目乐观，作为一个联邦调查局特工，你会经常接触恐怖主义、外国反情报、网络犯罪、有组织犯罪、白领犯罪、公共腐败、民事侵权、金融犯罪、行贿、银行抢劫、敲诈勒索、绑架、空气盗版、州际犯罪活动、逃犯和贩毒问题及其他违反联邦法规的犯罪行为。在你的生活中，每一天都是不同的，而你每天的任务就是与邪恶做斗争。"瑞恩严肃地说道。

听了瑞恩的话，山姆点点头，继续说："谢谢您的忠告。那么 FBI 是如何破解悬疑案件的呢？"

"身为 FBI 特工，就要学会利用心理学与犯罪嫌疑人斗智斗勇，学会如何一眼看透人心；懂得如何从一个不起眼的线索抽丝剥茧，寻找破绽；学会运用逻辑思维、发散思维、逆向思维等去分析案件；学会利用现代科技追踪线索；学会如何在审问中占据有利地位，迫使嫌疑人开口说出事实真相……"瑞恩回答道。

"听起来很有意思，看来要想成为一名出色的 FBI 特工，要学习很多知识和技能。非常感谢您，瑞恩先生。现在您能讲一些您在办案中出现的有趣的故事吗？"山姆又继续问道。

此时，瑞恩端起咖啡，对山姆笑了笑，说道："当然没问题，我们先喝杯咖啡……"

抢劫未遂案

这一年的夏天，瑞恩的朋友杰克逊在纽约的第五大道开了一家服装店，经营男士精品服装，瑞恩也收到了两张优惠券。

一天，瑞恩和他的同事丹尼尔驱车来到杰克逊的服装店。

“嗨，瑞恩，好久不见！”杰克逊看到瑞恩后，就热情地迎了上来。

“嗨，杰克逊，收到了你送的优惠券，当然要来捧捧场啦！”

“哈哈，真是多谢，今天你们在店里随便挑，你和你的朋友看中的衣服，全部打六折，并且赠送会员卡。”

“哦，那我们可不客气了！”

说着，瑞恩和丹尼尔就在店里逛了起来，这是瑞恩难得的休闲时光。

“看来店里的生意很不错呀！”丹尼尔看着收银台说道。瑞恩顺着丹尼尔的目光看去，收银台前排着长长的队伍，杰克逊此时也进入收银台里帮忙。

这时，从店外走进来一个戴着鸭舌帽的男子，看起来非常年轻。他绕着收银台转了一圈，并没有买任何商品，之后停在收银台的旁边，也不排队。

瑞恩随手拿了件衣服，拽了拽丹尼尔，示意他别出声。**两人来到收银台前排队，瑞恩的眼睛一直盯着那个男人，那个男人似乎也觉察到了瑞恩的目光，他看了瑞恩一眼，就立即移开了目光。**

杰克逊看见瑞恩也在收银台的队伍当中，愉快地说：“哦，瑞恩，这么快就挑选完了？”说着就要拉开收款机的抽屉，为排在瑞恩前面的顾客结款。

瑞恩用眼睛瞟了一下收银台旁戴鸭舌帽的那个男人，瑞恩发现他的鼻孔突然扩大了，瑞恩大声喊道：“小心！”

只见鸭舌帽男子迅速向前一步，将手伸进收款机的抽屉里去抢钱，而收到警告的杰克逊及时地抓住了他的胳膊并将其反拧过来，钱从鸭舌帽男子的手中掉了出来。鸭舌帽男子见势头不对，使劲挣脱了杰克逊的钳制，准备逃跑，不料正撞到丹尼尔的怀里。原来丹尼尔早就收到瑞恩的暗示，绕到了这名男子的身后。

“年轻人，别想跑了，跟我们去警局一趟吧！”

“你们凭什么抓我，我犯了什么法？”没想到鸭舌帽男子居然耍起了无赖。

“哦，犯了什么法你不知道吗？我们会以抢劫罪把你送进警察局。”

“证据呢？你们有什么证据？钱不在我手里，而你们肯定是一伙的！”

这时，杰克逊指了指墙角的监控器说：“别抵赖啦，你的犯罪过程全都被监控器拍下来了！”

这个男人看见墙角的监控器，瞬时傻了眼，乖乖地束手就擒了。

杰克逊转过头满腹疑惑地问道：“瑞恩，你是怎么发现他的意图的？”

瑞恩笑着说：“这很简单啊，我们总是能根据一个人的行为变化，在一秒之内读懂他的心思！”

破解身体语言法

——不寻常的动作是解密的信号

当人们出现不寻常的动作时，这常常表明事情没那么简单。

瑞恩断定这个人意图不轨

当瑞恩看见这个人站位的时候，就怀疑他的目的了，因为来到店里的客人，除了挑选衣服的，就是付款的，可是这个人却没有购买任何商品，也不排队，当然也不能排除他在等人，所以有了接下来的判断。当瑞恩盯着这名男子看的时候，他立刻移开了目光，这是做贼心虚的表现，所以瑞恩立即就断定这个人意图不轨。

案件分析

瑞恩适时向杰克逊发出警告

当瑞恩看见这名男子的鼻孔扩张时，立即发出了警告。这是因为一个人的鼻翼膨胀表明他在深吸氧气并准备好要采取行动了。瑞恩几乎是在他行动前的一秒钟猜出了他的意图。

答案

瑞恩通过仔细地观察和读心术，阻止了一起抢劫案的发生。

人们的非语言行动往往胜过语言，先一步告诉我们他的意图。

离奇绑架案

当特工瑞恩和杰克警督正在讨论一起谋杀名人未遂的案件时，房东太太探头进来，通知他楼下有位先生说有非常重要的事情要见他。

“那就让他上来吧！”瑞恩说着看了一眼杰克警督，“看来又有大难题需要解决了。”

几分钟后，来访者被房东太太领进房间。杰克警督一眼就认出他是纽约赫赫有名的人物——纽约市副市长麦克亚当先生。

“您是瑞恩先生？现在有一件很机密的事情需要您来解决，既然杰克警督也在，那么就请您和杰克先生一起来解决这件非常棘手的事件吧，”麦克亚当先生开门见山地说道，“我很不幸地告诉你们，我们的市长被绑架了！”

瑞恩与杰克警督互相看了对方一眼，都意识到这起案件的重要性，不敢有片刻的迟疑。

"那么麦克亚当先生，现在请您讲述一下绑架事件的详细情况。它是什么时候发生的？"

"明天早上，市长先生被邀请到法国参加一项重要的金融峰会的，今天晚上他应该作为客人留在巴黎。今天早晨他被护送前往，巴黎市政府的一辆专车在布伦迎接了他，他们离开布伦后根本没有到达指定地点。"

"瑞恩先生，那是一辆冒名顶替的车，真正迎接市长先生的车辆在一条偏僻的小路上被发现了，司机和迎接人员都被堵住嘴巴绑在了座位上。法国警方和纽约警察厅的人都在严密搜索。就在刚刚，警方在一处废弃的工地上发现了陪同市长出行的秘书埃布尔，他被人施过麻醉剂，并被捆绑手脚堵住嘴巴，但他什么也不记得了，到现在为止，还没有找到任何对破案有利的线索。"

"在市长先生去巴黎之前，有什么不寻常的事情发生吗？"

"哦，这正是我想说的，在去巴黎之前，市长先生曾经在一处巷子里遭遇袭击，幸亏司机莫特反应机敏，及时开动了汽车，市长先生只是受了轻微的擦伤。"

"那么这辆汽车和司机现在在哪里？"

"可疑的地方正在此处，司机莫特在把市长先生送到码头后并没有回到办公地点，莫特也失踪了。"

“看来莫特的嫌疑很大。”杰克警督听到此处说。

“先生们，现在的当务之急是找到市长先生，金融峰会将在明天上午九点钟举行。”

“哦，是的，现在只剩下不到十二个小时。市长先生如果缺席这个会议，将会影响整个美国，这是众所周知的。”瑞恩看了一眼怀表说。

“我想我应该回警局了。”杰克警督说道。

“哦，当然，别忘了我们现在有两个重要的嫌疑人，我们需要尽快弄清这两个人的背景。”

杰克警督和麦克亚当先生一同离开之后，特工瑞恩陷入了深思，这起案件确实非常棘手，毫无头绪可寻。市长先生在纽约被袭击与在法国被绑架有什么关系呢？如果这两起案件是一个团伙所为，那么他们的目的是绑架，又为什么在美国境内进行袭击呢？这两个嫌疑人到底是谁出卖了市长先生呢？在这起案件中有太多的为什么，事件看起来错综复杂，相互矛盾，要想在这短短的十二个小时之内找到市长先生，确实有点难度。

“叮……”电话铃响了，是杰克警督打来的。

“据我们所知，埃布尔是个非常出色的秘书。他的语言天赋极高，会多国语言，家庭背景很一般，在纽约倒是有很多同学，然而关系最好的只有一个，住在布鲁克林区，名叫查理。”

“布鲁克林区？离港口很近呀！”

“是的，而莫特出生在法国，他的失踪方式让人很怀疑。”

“杰克警督，或许我应该直接见一下埃布尔先生。”

瑞恩在警察厅见到了埃布尔。

“埃布尔先生，请您详细叙述一下市长先生被绑架前后所发生的事情，好吗？”

“好的，先生。那天早上，我们按照预定的路线驶向港口，可是走到一处小巷时，突然被一伙蒙面人围住了。司机莫特急忙踩了刹车，市长先生将头伸出窗外，只听两声枪响，第一颗子弹擦伤了他的面颊，第二颗子弹打偏了。司机莫特马上意识到危险，紧踩油门将那伙人冲散才得以逃脱。市长先生不想张扬自己的伤势，只在当地一家小医院进行了简单的包扎，然后又按照日程直奔法国。到了目的地之后，有一辆插着法国国旗的汽车正在等我们，没想到这辆车居然是伪装的。在我们走到车门口时，突然有人从背后捂住了我的嘴巴和鼻子，我拼命地挣脱，但身上却没有了力气，之后就什么都不知道了。”

在埃布尔述说整个事情过程的时候，一直盯着瑞恩的眼睛，**丝毫没有慌乱和迟疑，但是他的双腿却一直在轻轻地抖动着**。

“车辆为什么要开进那条小巷呢？”瑞恩静静地观察着这位能干的秘书，可就在这时，**他发现埃布尔轻轻抖动的双腿迅速停下不动了**。

“这我不太清楚，先生，司机莫特最清楚具体的行车路线。”

“好的，先生，您的陈述合情合理，希望您没有说谎。”

“当然，先生。”随即埃布尔的脸上露出了浅笑，眼角没有一丝皱纹。

正在这时，杰克警督打来了电话。

“瑞恩，已经去查过附近的医院了，昨天并没有接收过被子弹擦伤的病人。”

“好的，杰克警督，我想我已经知道市长先生在哪里了，现在你应该带着你的警员们去拜访一下埃布尔先生的那个同学。”

破解身体语言法

——最诚实的腿脚

说谎者面对提问，当提到他做过的事或者接触过的事物时，他会做出与众不同的反应，而身体最诚实的腿脚往往会出卖他们。

——表情是思维的模板

表情是思维的模板，一个人的内心与情绪波动往往体现在他的面部表情上，当一个人假笑的时候，脸上是没有皱纹的。

特工瑞恩让埃布尔叙述事情经过

特工瑞恩让埃布尔叙述事情经过，主要是为了观察埃布尔在叙述事情经过时的表情。虽然埃布尔在叙述时条理清晰，眼睛直视瑞恩，但他的双腿却出卖了他，这说明埃布尔所陈述的事情经过令人怀疑。

案件分析

特工瑞恩对埃布尔提问

特工瑞恩对埃布尔提问“车辆为什么要开进那条小巷呢?”是为了观察埃布尔的反应,结果埃布尔立即停止抖动双腿,这说明他对瑞恩的提问感到反感,内心压力很大,这也提示瑞恩了,在这一事件上,埃布尔很可能有参与。

答案

市长的秘书埃布尔策划了这场绑架案。

杰克警督根据瑞恩的提示，带着警员搜查了查理的住所,果然发现了市长先生。令杰克警督吃惊的是,同时还发现了失踪的莫特。眼见事情败露,埃布尔不得不交代事情的经过。埃布尔和查理都是隐藏在纽约的间谍,他们绑架市长的目的就是要破坏美国的金融体系。市长先生前往港口的途中时,埃布尔拿出一块浸了麻醉药的布捂住了他的鼻子,市长慢慢失去知觉,埃布尔立刻抓起话筒命令莫特转弯,司机此时毫无察觉地照办了。之后麻醉药的把戏又重演了一次,两个昏迷不醒的人就被拖出车外,并迅速进来两个替身坐在了他们的位置上,替身跟着埃布尔到达了法国。路上的一切都由秘书埃布尔出面,并没有引起怀疑,而市长先生和司机莫特则被埃布尔的同伙查理带到了他的住所。

丢失的首饰盒

上午，瑞恩和贝特警探正在家中品茶，谈论着最近发生的新鲜事。房东太太突然出现在门口，似乎在犹豫要不要进门。

瑞恩放下手中的茶杯，问道："上午好，房东太太，发生什么事了吗？看您一脸犹豫不决的样子。"

"上午好，瑞恩先生，我……嗯，我是说，您见过一个梨花木的首饰盒吗？就在昨天下午。"

"哦，很抱歉，我并没有见过这个首饰盒。您能告诉我发生了什么事吗？或许我可以帮您。"

"唉，昨天上午我去给我的外孙女买了一条金手链作为生日礼物，本想今天送给她，可是早上起来之后，发现那条手链不见了，就连装着手链的首饰盒也不见了！"

"或许您记错了地方呢？"瑞恩说道。

“没有，绝对不会记错！就在昨天下午，我还特意拿出来看了看，想确定我的外孙女会不会喜欢，然后我就放在了抽屉里。”

“是不是您家的小狗或者别人顽皮地将它藏起来了呢？”贝特警探适时地插话说。

“我也想过有这种可能，但是里里外外都翻遍了，就是没有首饰盒的影子。”

“哦，那应该基本能够确定，您的首饰盒被盗了。昨天您的家里来过什么人吗？”瑞恩问道。

“让我想想，哦，对了，昨天我家里浴室的水管坏了，我请了一位工人来修水管，就是隔着一条街的邻居汤姆。”不等瑞恩开口，房东太太又自言自语地说道，“不可能是汤姆，他曾经给我的姐姐家修理过管道，是个尽职尽责的工人，所以我姐姐才会把他推荐给我的。”

“哦，房东太太，您听说过一句谚语吗？知人知面不知心啊！”

房东太太还在沉思，似乎想要回忆这个汤姆是如何作案的。瑞恩接着说：“如果想要确定您的项链是不是在这位备受信任的管道工人那里，其实也不难，我们或许可以帮您。”

瑞恩拨通了汤姆的电话，对方很快接听了。

“您好，是管道工人汤姆吗？”

“您好，我是汤姆。”

“请问您昨天是不是到沃伦太太家里维修过管道？”

“沃伦太太？哦，我不认识什么沃伦太太，我现在很忙。”

“就是住在莱尔大街的沃伦太太。”

“哦，我忘记了，可能是有这么个人。”

瑞恩和贝特警探相互看了一眼，心理都很清楚，这个人很可疑。瑞恩又说：“沃伦太太丢失了一些贵重的东西，您是否见过呢？”

“天啊，我只是个维修工人，根本接触不到什么贵重的东西，你们找错人了。”

瑞恩不动声色地说：“谢谢您的配合！”之后便挂断了电话。

“瑞恩，这个汤姆肯定有问题，说话遮遮掩掩，前后矛盾。”贝特警探说道。

瑞恩和贝特警探根据房东太太提出的线索，来到了维修工汤姆的家。贝特警探向他表明身份后说：“沃伦太太报案称她丢失了一个贵重的首饰盒，而你是唯一一个到过她家里的人，我们怀疑您与这起案件有关。”

“哦，警察先生，你们绝对是冤枉好人了。我根本没偷什么首饰盒。”**汤姆坐在沙发上，两脚一直抖动着，说话时眼睛一会儿看看台灯，一会儿看看茶几，最后盯着门。**

瑞恩注意到汤姆的动作，慢慢站了起来，说：“我们怀疑您不仅与这起盗窃案有关，而且赃物就在您的家中。”说完，瑞恩在汤姆的家里转了一圈，一会儿摸摸柜子，一会儿看看壁橱，但并没有真正进行搜查，他的视线主要停留在汤姆细微的表情和动作上。

看到瑞恩走来走去，汤姆的手一直瑟瑟发抖，眼神时不时地瞟向床铺。瑞恩故意将床铺搬动，汤姆居然有往外跑的冲动，贝特警探眼疾手快，立刻将汤姆控制住，在床铺底下找到了沃伦太太的首饰盒。

破解身体语言法

——说谎的眼神

当一个人在叙述事情经过时，眼神总是闪烁不定，那么基本可以断定他是在说谎。

——最诚实的手脚

当一个人内心紧张时，他的手会不自觉地发抖，而当他意识到危险来临时，会不自觉地挪动双脚，试图逃到安全的地方去。

汤姆闪烁其词

当瑞恩给汤姆打电话时，汤姆总是遮遮掩掩，闪烁其词，想要借工作忙转移话题。这说明他心里有鬼，因为此时瑞恩并没有表明自己的身份，也并未提出他与盗窃案有关，那么他的遮掩与闪烁其词纯粹是心虚的表现。

案件分析

瑞恩试探汤姆的反应

瑞恩断定汤姆一定将首饰盒藏在了自己家里，于是到处摸摸看看，目的是想看汤姆的反应。这时汤姆并没有过多地关注瑞恩摸过的东西，而是时不时地看向床铺，瑞恩就知道首饰盒一定藏在床铺那里。当瑞恩假装挪动床铺时，汤姆试图逃跑，这更加证实了瑞恩的猜测。

答案

汤姆在修理沃伦太太家的水管时顺手牵羊，偷走了首饰盒。面对赃物，汤姆不得不交代实情。

当天下午，他正在洗手间修理管道，而这时，沃伦太太又拿出了她的首饰盒。他用余光看见了里面价值不菲的首饰，于是趁沃伦太太不注意，将首饰盒放在自己的工具箱中，偷走了首饰盒。

名画失窃案

今天的头条新闻：价值百万美元的名画由美国纽约运往苏格兰博物馆，在豪华游轮“亚历山大”号上，奇怪地消失了。特工瑞恩正在津津有味地阅读着。

正在这时，房东太太打断了他：“瑞恩先生，杰克警督来了，想要见您。”瑞恩将报纸放到报纸架上，顺手整理了一下衣服，然后对房东太太点头，示意请他进来。

“您好，恐怕今天我给您带来的是一个很大的难题，瑞恩先生。我敢说在今天的报纸上，您读到了有关的消息，我指的是发生在‘亚历山大’号游轮上的贵重名画失窃案。”

“杰克警督，您能向我叙述一下事情发生的整个过程吗？”

“当然可以。当事人普里斯受纽约博物馆两位馆长——乔山和布莱顿先生的委托，带着名画乘坐‘亚历山大’号游轮在二十三号从纽约出发。名画被密封在一个小皮箱里并且加盖了印章，然后普里斯锁上了小皮箱，把它装到了自己的旅行箱里，并且用一把特殊的锁锁上。在游轮到达英国的前一站，普里斯被人用碎冰锤击中了脑袋，当他清醒时，发现旅行箱安然无恙地放在那里。就在抵达苏格兰的前几个小时，名画被偷走了。我们派人对游轮进行了彻底的搜查，但是毫无结果，名画就这样消失得无影无踪了。”

瑞恩建议要见一下当事人普里斯，杰克警督立刻带瑞恩见了普里斯及司机吉尔，吉尔是布莱顿馆长的侄子。

“究竟是什么让你发现那幅名画被偷走了呢，普里斯先生？”瑞恩问道。

普里斯表情痛苦地说：“事情就发生在我的眼皮底下，我的视线丝毫没有离开过旅行箱，但不知道为什么，当我下轮船时，我舱里的旅行箱被人从下铺拉出来一半，锁周围到处都是被切割和撬坏的痕迹。”

“但是我看报纸上说它是被一把钥匙打开的。”瑞恩问道。

普里斯回答道：“是这样的，最让我奇怪的是这把锁是从哈布斯公司订购的，是一把非常特殊的锁。它只有两把钥匙，一把保存在纽约博物馆馆长办公室里，直到现在仍然在那里，另一把在苏格兰博物馆馆长办公室里。最后不知道怎么搞的，他们还是把它打开了。”

瑞恩又问道：“当你发现名画丢失后，你做了什么？”

"我立刻报警,然后警察搜查了船上的每一个人。"

"听说您的脑袋曾被人用碎冰锤砸过?"

"是的,不过这一点儿都没影响我的记忆,我只是昏迷了几秒钟。当我清醒时,我发现箱子安然无恙地放在行李架上。关于这一点,吉尔可以证明。"

瑞恩转向吉尔问道:"普里斯曾被人用碎冰锤击中了脑袋,当时你在做什么?"

"真不巧,我正在睡觉,不知道究竟发生了什么。否则我一定会保护普里斯的,不会让这种糟糕的事情发生。"

"是的,我相信你一定会那么做的。假如你参与这起案件,你会选择使用什么工具?吉尔先生,请你不要介意,我说的是假如。假如你参与了这起案件,你会使用枪吗?你会使用刀子吗?你会使用碎冰锤吗?你会使用锤子吗?"**当瑞恩说道碎冰锤时,吉尔的眼皮明显地耷拉下来,直到瑞恩说到下一个工具时,吉尔的眼皮才略微向上抬了一下**。瑞恩顿时明白了,吉尔一定参与了这起案件。

吉尔很不耐烦地说:"我不知道,我从来没想过。"

瑞恩又问道:"你是什么时候知道名画被偷的?"

"我是在普里斯报警时才知道的,更确切地说,直到那时,我才知道普里斯竟然还带着那么贵重的东西。"

"我看得出,您没有明白我的意思。"瑞恩神秘莫测地笑了笑说,"现在,我想再去博物馆做一些调查。"

瑞恩和杰克警督来到了纽约博物馆，乔山和布莱顿两位馆长接待了他们。

“我能问你们几个问题吗？”瑞恩彬彬有礼地说，“关于这把锁，是谁从哈布斯公司订购的？”

“是我亲自订购的。”布莱顿先生说，“在这种事情上，我不相信任何职员。”

“没有任何职员有机会拿到它们吧，乔山先生？”瑞恩又问乔山先生。

“我认为你这样说应该是准确无误的。”乔山先生回答道，“布莱顿先生在两周以前病倒了，也就是在普里斯离开的那一天，直到今天才完全康复。”

“严重的支气管炎对于我这个年龄的人来说可不是闹着玩的。”布莱顿先生遗憾地说道。

瑞恩整理了一下衣服，说道：“是的，我非常理解，生病是一件极其痛苦的事情，您去哪里治疗的？气管炎是非常难治愈的。”

“您说得非常对，我去了最有名的西博西医院。”

“那的确是最有名的，那里的百瑞斯医生的医术真是高明，他正是治疗您这种病的专家。”瑞恩随便编了一位医生的名字说道。

“您说得太对了，百瑞斯医生的医术真是高明。”

听到这里，瑞恩不再问下去了，而是礼貌地鞠躬后，和杰克警督离开了。

“我很失望。”当他们走在大街上，瑞恩对杰克警督说，“因为它太简单了！”

“简单？”

“是的，难道你没发现它几乎像孩子的游戏一样简单吗？”

“你知道是谁偷了那幅名画？”

“我知道了。”

破解身体语言法

——我知道你在想什么

说谎者面对提问，当提到他做过的事或者接触过的事物时，他会做出与众不同的反应，甚至想逃避。

陷阱法

——挖个陷阱让对方跳

试探一个人是不是在说谎，最简单而且最有效的办法就是也说个谎让他往里跳。

特工瑞恩对吉尔提问

“假如你参与这起案件，你会选择使用什么工具？”特工瑞恩的主要目的是想知道吉尔听到这些凶器名字时的反应。我们都知道碎冰锤是本案的作案工具，吉尔自然也知道。当瑞恩提到碎冰锤时，吉尔的眼皮往下耷拉，而且直到下一种凶器名字出现，这足以说明吉尔是非常有嫌疑的。

案件分析

特工瑞恩对布莱顿馆长提问

瑞恩为了验证布莱顿馆长是否真的去了西博西医院，所以随便编了一个不存在的医生的名字："那里的百瑞斯医生的医术真是高明。"布莱顿馆长回答道："您说得太对了，百瑞斯医生的医术真是高明。"布莱顿的回答足以证明他在说谎。

答案

布莱顿馆长和他的侄子吉尔一起偷了名画。

杰克警督根据瑞恩的结论，对布莱顿馆长进行了审问。最后布莱顿馆长交代，当他和乔山馆长一起将钥匙存放好后，就将钥匙偷了出来，然后向乔山请了病假，在吉尔马上离开时将钥匙交给他。后来通过对吉尔的审问，吉尔交代，他带着仆人奥达曼与普里斯一同登上了"亚历山大"号游轮，当奥达曼用碎冰锤击打普里斯的脑袋时，吉尔趁机打开旅行箱拿出名画，交给奥达曼。奥达曼上了事先准备好的游艇，将名画和钥匙带回纽约交给了布莱顿馆长。布莱顿馆长趁员工下班时偷偷溜进博物馆，将钥匙放回原处，这一切乔山馆长一点儿也没有察觉到。

谁是同伙

“嗨！瑞恩，周末愉快，尽管我们特工从来没有周末！”

“嗨！丹尼尔，听你的口气，我们又遇上麻烦了？”

“完全正确，或许你会感兴趣的。”说着，丹尼尔把一打资料递到了瑞恩手上。

原来就在昨天，联邦调查局抓获了间谍约翰·阿尔克斯，这名间谍此前正试图破坏美国的一栋市政大楼。事实上，他已经成功潜入了市政大楼的管理室，但还是被联邦调查局特工识破并抓获了。这名间谍交代了此行的目的与犯罪事实，这本来是一件令人愉快的事情，但所有事实都不像表面上看起来的那样简单。

“他有同伙？”

“你说对了，瑞恩，如果没有同伙的帮助，他是不可能那么顺利地躲过工作人员的耳目而潜入市政大楼的，可是他宁愿承担全部罪行，也不愿意供认自己的同伙。”

“看来他已经做好了自我牺牲的打算。”

“没错，更棘手的是，这名间谍受过专业的训练，我们无法从他那里得到任何有价值的线索。”

“对市政大楼的工作人员进行询问了吗？”

“是的，但是没有任何破绽。”

“我们必须尽快找出他的同伙，否则我们失去的将不仅仅是一栋市政大楼！”瑞恩神情严肃地说。

在审讯室外，瑞恩查看手中的卡片以确定没有遗漏，每张卡片上都写着一个与这名嫌疑人一起工作过的人的名字，而这些人中很可能有他的同伙。

“你确信这有用吗？”

听到丹尼尔的提问，瑞恩耸了耸肩说：“或许吧，但这是我们唯一能做的，不是吗？”说着瑞恩打开了审讯室的门。

嫌疑人约翰·阿尔克斯的左腿搭在右腿上，正低头盯着自己的双手。

瑞恩说道：“约翰·阿尔克斯先生，我知道你有同伙。”

阿尔克斯听到瑞恩的话，抬头看了他一眼说：“我说过了，这是我一个人干的，不需要别人帮忙。”

“好吧，阿尔克斯先生，我有充分的理由相信我们能够找到你的同伙。”说着，瑞恩将写有人名的卡片拿出来，“那么就请你证明这些人中没有你的同伙吧！”

阿尔克斯笑了一下又低下了头，明显对瑞恩的话不屑一顾。

瑞恩拿起了第一张卡片，上面写着“道格拉斯·巴尔内特”，他并没有对阿尔克斯提问，而是让他讲述他所知道的关于这个人的情况。

“我们曾经一起工作过，他做事认真谨慎，是个有野心的家伙，我毫不怀疑他将超越他现在的上司……”阿尔克斯平静地叙述着他所知道的情况，一直到看完了所有卡片，叙述了他知道的所有情况之后，他的语气都没有任何变化。而他所叙述的情况并没有任何不妥，这与联邦调查局之前了解到的情况完全吻合。

“非常感谢你的配合，阿尔克斯先生。”瑞恩和丹尼尔离开了审讯室。

“还是一无所获。”丹尼尔有些失望地说。

“未必，丹尼尔，我想我有头绪了。”

“可是他并没有交代什么有价值的线索呀，这些情况和我们调查到的完全一致。”丹尼尔疑惑地说。

瑞恩从这些卡片中拿出了两张，说：“应该是这两个人。”

“哦？瑞恩，你是怎么知道的？”

“这很简单，丹尼尔，当他看到第三张卡片上的名字时，**眼睛突然睁大，然后瞳孔迅速收缩，并轻轻地眯了一下眼**，而看到第五张卡片时，**这些动作又重复了一遍，并且他迅速调整了**

双腿的姿势，并把双手抱在胸前。我可不认为这是个偶然，丹尼尔。”

“我的老伙计，我真是太佩服你了！你的观察如此细微，但愿你的判断没有错。”丹尼尔说。

“丹尼尔，别忘了我是干什么的，我的职业要求我这样做。”瑞恩骄傲地说。

破解身体语言法

——眼睛是面部最诚实的部位

当一个人突然遇到让人吃惊的事情时，他的眼睛就会睁大，瞳孔也会迅速扩张，而一旦意识到这并不是好消息时，他的瞳孔就会立即收缩。

——不寻常的动作往往会泄密

当一个人紧张或有压力时，会迅速变换姿势，或将双手抱在胸前，这都表明他对自己所说的话没有自信，并急于掩饰某些事物。

瑞恩在初次见面时给对方施压

特工瑞恩初次见到约翰•阿尔克斯时，先极其肯定地说能找到他的同伙，给他的心理施压，以触动对方的心理防线。面对瑞恩的质问，阿尔克斯表现出了明显的不屑，在压力和紧张的状态下，他的这一反应证明了他想极力掩饰自己，那么他的同伙的名字很可能就在瑞恩手中的卡片里。

案件分析

瑞恩让阿尔克斯讲述关于那些人的情况

瑞恩其实并不在意阿尔克斯说些什么，所以并没有对其进行有针对性的询问，因为他知道阿尔克斯不会乖乖说实话。他的目的在于观察他对卡片上名字的反应。当阿尔克斯看到第三张和第五张卡片时，他的反应说明在潜意识里，他并不希望看到这两个人。这成了瑞恩唯一的线索。

答案

阿尔克斯的同伙就是第三张和第五张卡片上的人。

瑞恩和丹尼尔将这两个人列为最大嫌疑人，进行了深入的调查和追踪。最终，这两个同犯被找到了，并在审问后供认自己参与了此次犯罪活动。直至最后，阿尔克斯依然不知道瑞恩是如何找出他的犯罪同伙的。

停车场谋杀案

当瑞恩从邮局出来的时候，碰到了神色匆匆的贝特警探。

“嗨！贝特，难道发生命案了吗，怎么这么着急？”

“嗨！瑞恩，我正想去找你。不幸被你言中了，在附近的停车场里发生了一起谋杀案，但幸运的是当事人大难不死，躲过了一劫。”

“看来当事人的来头不小，否则你的神色不会这么慌张！”

“真是什么都逃不过你的眼睛。不过现在我希望你会有兴趣去现场看一看，我会在路上详细叙述案件的始末。”

“哦，当然，我们现在就走吧！”

原来，今天早上贝特警探接到报案说，在一个停车场里，65 岁的道格拉斯·多诺万遭遇了枪手伏击。多诺万曾在麻省理工学院担任教授，目前是美国多家科技公司的老板，在百慕大拥有60多公顷的房产，身家过亿。根据其描述，袭击他的杀手是两名意大利人，他们在连开数枪后就仓皇逃跑了，但令人难以置信的是，几发子弹居然都打到了他上衣的徽章和腰带扣上，因此他只是手臂被子弹轻微擦伤。

“这简直是奇迹！”

“没错。”

“当时有目击者吗？”

“没有，但是已经去查看了停车场的监控录像，由于角度问题，我们无法从录像中看到事件发生的经过和杀手的相貌。到了，瑞恩。”

瑞恩和贝特警探来到了事发地点，那里已经有几名警员在进行侦查了。瑞恩查看了地上散落的几枚子弹壳，也察看了多诺万车子附近的地面、车辆和墙壁，但是一无所获。侦查的警员向贝特警探报告说多诺万已经到警察局去做笔录了，并交给他一份现场侦查记录。

“你认为是谁设计了这次谋杀呢？”瑞恩问道。

“哦，瑞恩，如果让我推测的话，你应该准备好整个美国商界的电话号码。据说多诺万在商界一向以脾气暴躁著称，而且他与家人的关系也并不融洽。几年前，他与五个子女因为海外基金所有权打了一场官司，之后便不再来往了。”

“哦，这个消息似乎并不令人愉快。”

“瑞恩，你有兴趣见一下我们的科技精英多诺万先生吗？”

"我想这会是一次令人激动的会面。"

在警察局，瑞恩见到了正在接受询问的道格拉斯·多诺万先生，他对警员的询问显得极其不耐烦。贝特警探示意警员先停止询问，然后和瑞恩一起来到多诺万先生面前。

"多诺万先生，请允许我介绍我的朋友瑞恩，他是FBI一名出色的特工，我想您的案件在他手里一定会很快被侦破的。"贝特警探介绍说。

瑞恩主动伸手说："您好！多诺万先生，我对您在科技界的成就非常仰慕，我也会竭尽所能为您找出犯罪嫌疑人。"

多诺万先生伸手松了松领带，很不情愿地握了握瑞恩的手，并且说道："看来你是个有小聪明的家伙。"

"呵呵，我会将这看作是您对我的赞美。"瑞恩轻笑道，"那么您认为谁会是这次谋杀事件的幕后主谋呢？"

多诺万摸着下巴说道："或许你们应该去问一问我那自大轻狂的儿子克里斯。这些杀手曾经打电话威胁我，他们提到了克里斯的名字。"

"哦，看来您和您儿子的关系并不是很好，他现在在您的公司里任职吗？"

"他什么也不干，却要坐享其成。"多诺万不忿地说道。

"顺便问一句，多诺万先生，您的枪是什么型号的？"当多诺万听到瑞恩提到他的枪时，停顿了一秒钟。

"哦，是一把勃朗宁手枪。"多诺万先生说着将自己的双手握在一起。

“真不错，我也有一把勃朗宁手枪，用来防身是很不错的选择。如果用它来射击的话，衣服上的破洞一定非常难看。”当瑞恩说到衣服上的破洞时，多诺万显得有些不自然，原本放在桌子上的手突然放到了大腿上。

“哦，对不起先生，我并非有意冒犯，只是做个有趣的比喻。就像您身上的这枚徽章，留下的痕迹的确非常难看。”

多诺万下意识地把手放在了他胸前被子弹留下痕迹的徽章上。瑞恩接下来并没有发问，而是和贝特警探一起离开了。

“贝特，我想我们现在要去寻找更多的证据以抓捕真正的幕后主谋了。”瑞恩说。

“你确定你知道幕后主谋是谁了吗？”

“是的，当你知道幕后主谋的时候，我保证你会非常惊讶。”

跟FBI学探案

破解身体语言法

——我知道你在想什么

说谎者面对提问，当提到他做过的事或者接触过的事物时，他会做出与众不同的反应，甚至想逃避。

心理战术

——乘胜追击

FBI 特工最擅长的就是心理战术，要想在与嫌疑人的心理较量中获得更大的胜利，就必须乘胜追击。

特工瑞恩发现多诺万的不寻常动作

当瑞恩说到会尽快找到嫌疑人时，他注意到了多诺万不寻常的动作，这表明多诺万的心里正在承受着巨大压力，这引起了瑞恩的怀疑。他重新审视了这起案件，想到了另一种可能，或许整个案件就是一起精心策划的阴谋。

案件分析

特工瑞恩对多诺万提问

瑞恩接下来连续提到了枪、衣服上的破洞、被子弹打中的徽章。当多诺万听到这些词句的时候，都表现出了异常，这更证实了瑞恩的猜测。

答案

多诺万精心策划了这起谋杀案，并企图嫁祸给自己的儿子。

贝特警探根据瑞恩的判断，对多诺万的住所进行了搜查，结果在他的一件衣服中发现了一张纸条，上面写着“手套、子弹壳、手枪”，还有一句令人费解的话：“射哪儿？”这些词语正好代表了一起枪击案的要素。而多诺万身上的徽章是本案最大的破绽，徽章下的皮肤完好无损，没有任何受到伤害的迹象。原来在所谓的事发现场，子弹头都是多诺万自己散布的，为了追求逼真的效果，他还把自己的衣服弄破，在身上弄出子弹擦过的伤口，甚至于现场的监控摄像头也被他调整了角度。他企图嫁祸给自己的儿子，使自己在与儿子争夺财产的斗争中处于有利地位。

头发的秘密

近日，在洛杉矶发生了一起命案，死者名叫杰拉尔德·帕克，是一家贷款公司的老板，报案人是一名园丁，称在城郊种植园的一处树林里发现了死者。死者的头部有多处伤口，致命的伤口在太阳穴上，明显是被钝器所伤。

瑞恩在警察局见到了死者的妻子。

“帕克夫人，我对发生的事情感到很难过，但为了查明真相，我们不得不请您回忆一下您的丈夫在失踪之前所发生的事情。”

一直沉浸在悲伤中的帕克夫人再一次哭红了眼睛，哽咽着叙述道：“两天前的晚上，我正在整理房间，我的丈夫说他有一笔生意要和当事人面谈，需要去帕萨迪纳。谁知道他出去之后就再也没有回来，直到今天早上接到警察的通知。”

"您说的是星期三？"

"是的。"

"那么您是什么时候发现事情不对的？"

"他一晚上都没有回来，我当时并未在意，以前也经常会这样。但是又过去一天还是这样，电话也打不通，他也没有去公司，我这才报了案。"

"您知道他在周三晚上去见的那个人的名字吗？"

"是的，先生，我曾经听到我的丈夫提起过，他叫卡梅伦·勃朗特。"

"您觉得关于您丈夫的案件，谁的嫌疑最大？"

"我也不知道，先生。因为我丈夫的脾气一向暴躁，在生意场上很容易得罪人，但是我认为这件事一定和那个叫卡梅伦·勃朗特的人脱不了干系。"

"夫人，我们会尽快找到嫌疑人的，我想我应该去拜会一下卡梅伦·勃朗特了。"

瑞恩和探案警员来到一扇黑色的门前，瞟了一眼门框，然后敲响了房门。开门的正是卡梅伦·勃朗特。**他是个年轻人，二十七八岁的样子，穿着很随意。他的额头宽阔，额前有几绺头发时不时在眼前晃动。**

"您好，勃朗特先生，有一桩命案需要您配合我们的调查，我们能进屋说吗？"

"命案？哦，这真是太可怕了！"他一边惊讶地说，一边把瑞恩和警员带到了客厅。**客厅里很整洁，各种器具物品都摆放得井井有条。**

"杰拉尔德·帕克，您认识吗？"

"哦，让我想想，是的，您说的是贷款公司的老板吗？"

"没错，先生，他在两天前被杀了。"

卡梅伦耸了耸肩说："哦，这真是太不幸了。"

"他的妻子说，他在两天前曾来找过你。"

"哦，我发誓我自从一年前在他的公司借了十万美金之后，从未见过他。"

"假设您说的是真的，那么他是在来您家的路上被杀的了？"

"或许吧，我怎么知道呢！"他用手捋了捋额前的碎发。

"好吧，您在他那里借贷的十万美金什么时候到期？"

"哦，就快到期了，不过我已经准备好了这笔钱。"

"您真是个守信用的客户，相信帕克先生一定会碰到不守信用的客户，那么您觉得他会不会在去要债的时候被杀呢？"

"哦，这我可不知道，先生。"他又用手把额前的碎发理了理。

"好吧，那您能说说您在前天晚上在干什么吗？"

"我在附近的酒吧里喝完酒之后就回家睡觉了。"

"在回来的路上有没有碰到什么人？"

"没有。"

"您家里就您自己住吗？"

"是的。"

"哦，收拾得真不错。如果杰拉尔德·帕克先生在您的房间里被杀的话，不知道会怎么样？"

卡梅伦听到瑞恩的话后，表情变得非常不自然，想要拨弄头发的手停了下来，有些恼怒地看着瑞恩。

"先生，您真会开玩笑，但我觉得这一点都不好笑！"

"请原谅我，先生，当我遇到一个案件的时候，总是会做出很多惊人的设想，这是我的职业通病，还请您见谅。"瑞恩轻笑着说，"不过先生，我觉得您应该跟我走一趟，以便交代更准确的事实。"

观察法

——细心观察是破案的诀窍

细心观察往往能够发现更多的蛛丝马迹,从而发现可疑的地方。

破解身体语言法

——这里肯定有秘密

当一个人在被问及同一个问题三次时,表现出了同样的不寻常动作,这表明这个人正感到压力或者你的提问让他不安。

特工瑞恩观察嫌疑人及其住所

瑞恩发现卡梅伦的穿着很随意,而且额前的碎发也说明他在生活中是个很随意的人,但是他的家却收拾得很干净,这很不寻常。很难想象,一个生活随意的单身汉家里什么物品都摆放得井井有条。

案件分析

特工瑞恩对嫌疑人提问

瑞恩为了验证帕克先生的死是否和卡梅伦有关，做了三次提问，而这三次提问都暗示是卡梅伦杀了帕克。卡梅伦在听到这三个问题的时候都做了同一个动作，那就是试图整理自己额前的碎发。瑞恩由此断定，这个案件肯定是卡梅伦所为。

答案

卡梅伦·勃朗特在帕克上门要债的时候杀死了他。

探案警员按照瑞恩的推理，仔细检查了卡梅伦·勃朗特的家和车辆，结果在他家的门铃上发现了死者的指纹，并且在他家楼下的垃圾桶里发现了作案工具，卡梅伦最终招认了犯罪事实。当帕克先生前来要债的时候，卡梅伦喝多了酒，两人发生了争执，卡梅伦失手杀死了帕克先生，然后连夜将其抛尸在城郊。回家后，他迅速将家中收拾了一番，擦掉了所有帕克先生的痕迹，以为能够瞒天过海。

换房记

早上，特工瑞恩收到了一封密函，原来是一份关于美国海军防务的秘密文件被盗，嫌疑人是美国政府部门的一个不起眼的小职员及其情人特蕾莎·维尔达诺—— 一位出入高档会所的歌手。两天后，小职员被杀，而其情人和那份情报同时失踪了，现在 FBI 正在全力缉拿这位歌手。

正在瑞恩聚精会神地阅读这份密函的时候，贝特警探的声音响了起来，“嗨，瑞恩，关于上次的那起绑架案，你做得相当出色，我想我或许能在你身上学点什么。”他边走边说，上了楼梯，一不小心踩断了松动的楼梯板，“哦，真对不起，房东太太可能要责备你了。”

“没关系，我会有办法解决的。”

“瑞恩，在洛杉矶有许多既便宜又结实的房子可以租用，你为什么偏偏选择了这间？”

“有的人租房子是因为它便宜、结实，而有的人则是因为它便利，我恰恰属于后者。”

“你这么说，我倒是想起一件事来，我的朋友斯宾塞夫妇刚刚租到了一套房子，它不仅豪华精美，而且地理位置也相当不错，更重要的是价格便宜得让你无法想象。”

“哦，是真的吗？那你的这位朋友肯定在房地产公司工作。”

“当然不是，他是保险公司的新职员。”

“那这套房子肯定有问题。”

“斯宾塞夫妇已经住了一个星期，并没有发现任何不妥，而且据说还越来越喜欢它了。”

这时房东太太又给瑞恩送来一封信件，瑞恩一边飞快地扫视着信件的内容，一边听贝特警探诉说着他的这位朋友廉价租房的奇遇。

“斯宾塞太太说房产公司的职员告诉她，这套房子好久都没有租出去，可是当他们看过房子之后，房东立即与他们签订了租房协议。”

“等等，你说你的朋友叫斯宾塞？”

“哦，是的。有什么问题吗？”

“斯宾塞太太是不是身材高挑，鼻子又高又直，长着一头浓密的红色卷发，而且眼睛很大？”

“喔，瑞恩，你是怎么知道的？”

“这么看来，这件事情一定有鬼。贝特警探，或许我真的应该换一处住所了，那么就是斯宾塞夫妇所住的公寓怎么样?这将是一个令人愉快的决定。”

三天后，瑞恩真的住进了这家公寓，而且就住在斯宾塞夫妇的楼下。

“瑞恩，你在搞什么鬼？”

“贝特警探，或许我需要你的帮助，就在这住几天。”

“哦，那好吧，但你得告诉我到底发生了什么事。”

“这件事你迟早会知道的。我要去拜访一下斯宾塞太太了，贝特，你最好回到警察局，或许马上你就知道发生了什么事情。哦，对了，我刚刚了解到斯宾塞夫妇已经在这里住了六个月，一定有人在说谎。”

贝特警探走后，瑞恩来到了楼上，敲响了斯宾塞夫妇隔壁的房门。

一个甜美的声音问道：“是谁？”

“您好，夫人，我是楼下的邻居。我刚刚发现家里的天花板有水湿的痕迹，我不确定是不是您家的水管出了问题。”

开门的是一个中年女子，头发很短，像是刚刚打理过，一双眼睛炯炯有神，透露着精明。“我刚刚从盥洗室出来，我确信问题不在我这。”她说着就要关上门。

“等等，夫人，您家隔壁的斯宾塞夫妇不在家，您是否知道他们的联系方式？”**瑞恩问的正是斯宾塞夫妇的房间。当中年**

女子听到瑞恩提到斯宾塞夫妇的时候，身体有一瞬间的停顿。

“我不知道，先生。”她眨着眼睛说道。

“好吧，谢谢您，夫人。”

瑞恩回到房间后就接到了贝特警探的电话。

“嗨！瑞恩，我得到消息说有一名女子偷盗了一份重要的海军情报潜入洛杉矶，而她和她的同伙正是化名斯宾塞夫妇！”

“没错，这正是我三天前得到的消息。贝特警探，如果今晚你放弃睡眠，我保证会给你一个满意的答案。”

晚上，贝特警探如约来到了瑞恩的住所，在午夜时分悄无声息地抓到了一名试图潜入斯宾塞夫妇房间的蒙面盗贼。瑞恩拿掉了盗贼的面罩，点燃一支烟，并在盗贼耳边说了些什么，接着就敲响隔壁的房门，大声喊道：“快开门，失火了，失火了！”

一个脸庞黝黑的青年男子打开房门，还没等他反应过来，瑞恩三人立刻破门而入，并把这名男子关在了门外。房中的中年女子惊慌失措地跑出来，看到瑞恩身后的盗贼后，立即转身逃跑，瑞恩迅速挡住了她的去路。而正在这时，那名盗贼突然抢走了贝特警探的枪。

“哦，天啊……”贝特警探惊慌地说。

“别着急，朋友，没有我的命令，我们的朋友是不会开枪的。”瑞恩说。

“你确定吗？”盗贼拿枪挨个指着房间里的每一个人。

那名女子转身对瑞恩说:“你想要什么?”

瑞恩略微鞠躬道:“我想没有人比特蕾莎·维尔达诺小姐更加懂得我们想要的是什么。”女子迟疑了一下,瑞恩乘势说道:“当然,如果你能把那件东西交出来的话,我会很乐意帮您挡住这位拿枪的朋友。”

那名女子飞快地指着身边一只黑色的猫咪抱枕说:“它们就缝在这里面。”

“做得不错!”

“该死!”那名盗贼气急败坏地吼道,紧接着向逃跑的女子开枪,但枪只发出了“咔嗒”一声,并没有子弹射出。这时他身边的贝特警探迅速将手铐戴在了他的手上。

“不用担心,贝特,特蕾莎小姐应该已经上了FBI的警车。”

“你什么时候换掉了我手枪里的子弹?”贝特警探疑惑地问。

“我的朋友,就在你抓捕盗贼的时候!”

破解身体语言法
——冻结反应

当人们意识到危险存在的时候，动作会有一瞬间的停顿，那一瞬间的停顿足够让大脑做出快速的判断。

套话术
——趁势追击法

在对手陷入绝境时给对手想要的，然后得到自己想要的。

特工瑞恩敲响斯宾塞夫妇隔壁的房门

特工瑞恩根据之前的蛛丝马迹判断，斯宾塞夫妇廉价租房肯定有蹊跷，或许是有人想借他们逃过追捕。当他敲开斯宾塞夫妇隔壁中年女子家的房门，并提到斯宾塞夫妇的时候，中年女子瞬间停住了动作，这说明她对斯宾塞夫妇这个词非常敏感，并且觉察到了危险，综合该女子新理的短发，推断出这名女子很可疑。

案件分析

特工瑞恩擒住盗贼后并未直接将其带走，而是带到了斯宾塞夫妇家隔壁

瑞恩判断这名盗贼就是那名盗取机密的小职员背后的势力，于是便借机威慑特蕾莎，制造出紧张气氛，从而实施他的趁势追击计划，一举擒获两名嫌疑犯。

答案

特蕾莎·维尔达诺与同伙化名斯宾塞夫妇租下房子，并转租给真正的斯宾塞夫妇，企图移花接木，逃脱追捕。

当瑞恩听说斯宾塞夫妇廉价租到房子的时候，正在看手中的信件，信件中说偷盗海军计划的间谍很有可能在洛杉矶，而且化名为斯宾塞夫妇，并且那位女间谍的外貌特征与真正的斯宾塞夫人很相似。瑞恩当即想到了事情没那么简单，决定亲自去公寓附近查看，结果发现住在斯宾塞夫妇隔壁的一家嫌疑很大。他并没有直接抓捕她，因为那名小职员的背后势力还没有露面，直到他们抓捕了那名盗贼，准确地说是一名间谍。当特蕾莎看见这名间谍想杀她灭口时，立即意识到自己的处境很危险，瑞恩便趁势追击，套出了特蕾莎所偷情报的藏匿之处。

矛盾的双手

一天早上，当瑞恩和丹尼尔路过一家银行的时候，突然听到从银行旁边的胡同里传来了几声急促的叫喊声："救命啊，抢劫啦！"瑞恩与丹尼尔急忙朝着声音的方向跑去。

当他们赶到现场后，发现地上坐着一个年轻女子，她正痛苦地捂着自己的脑袋。丹尼尔马上追了过去，但是没有看到可疑的人，于是就回来了。瑞恩问她话时，她哆嗦了好一阵才说出话来。

据这名女子说，她叫凯瑟琳，是这家银行的职员。

"先生，其实我平时不走这条胡同的，但是今天上班快要迟到了，所以我就选择了走银行旁边的这条胡同。我刚拐进胡同就感觉身后有人跟着我，就在我想回头看的时候，我的头就挨了一下，接着就倒在地上了，我的包也被人抢走了！"

"那你有没有看见劫匪的样子？"

"没有看到劫匪的正面。当时我的头很晕，只感觉是个男人，上身穿的是黑色衣服，下身穿了一条蓝色的裤子。"

听完女子的描述，瑞恩马上按照这一特征派人在附近进行了搜寻，结果恰巧搜到了两名疑犯。

一名嫌疑人叫洛克，是附近的拾荒者。他上身穿一件深灰色的开襟汗衫，下身穿着蓝色牛仔裤。当问到他身上的汗衫时，他回答道："这件汗衫是我刚刚在垃圾桶里翻出来的。"说着就把那件带洞的汗衫脱了下来，这时露出了别在腰间的钱包。凯瑟琳一眼就认出了自己的钱包，瑞恩马上问他是怎么回事。他还是若无其事地回答道："这个也是我在垃圾桶里捡到的。"说着又拿出钱包，打开给瑞恩看。他看见凯瑟琳一脸迫切地看着瑞恩，不屑地对凯瑟琳说道："是你的?给你!"说着果真把钱包扔给了凯瑟琳。

由于无法直接证明钱包就是拾荒者所抢，瑞恩又对另一名嫌疑人进行了审问。

另一名嫌疑人叫尼鲁德，他是在距离出事地点两条街的地方被找到的。瑞恩经过调查后确定，尼鲁德确实就在这条街上的化妆品店工作。当被问到当时的情况时，他大方地承认说："没错，我当时赶着去上班，因为马上就要迟到了，所以我就跑了起来。"

瑞恩指着那名被抢劫的女子问道："尼鲁德，你是否见过这名女子？”

“没有，我从没见过她。我快走到这条胡同的时候直接左拐到另一条街上了。”说着，尼鲁德的右手做了个向外的转弯手势。

瑞恩看到尼鲁德的举动后松了一口气，说道：“先生，恐怕您要跟我到警察局一趟了！”

跟FBI学探案

破解身体语言法

——身体语言出卖了口头语言

身体语言与口头语言一样，是传递信息的一种方式，不同的是，大脑常常让我们的口头语言说出假话，而真话往往会通过身体语言不自觉地流露出来。

特工瑞恩对嫌疑人提问

当瑞恩问到尼鲁德是否见过凯瑟琳时，他在仔细地观察着尼鲁德说话时的反应。瑞恩注意到，在尼鲁德说到左转到另一条街的时候，他的右手恰恰打了个向右的手势，正好指向了案发地点。瑞恩看到这个手势后立刻确定这个人在说谎，而尼鲁德很有可能就是抢劫凯瑟琳的劫匪。

答案

尼鲁德抢了凯瑟琳的包。

探案人员在尼鲁德工作的地方发现了大量现金和凯瑟琳包里的一枚戒指。尼鲁德无从抵赖，只好交代实情。原来尼鲁德爱好赌博，但化妆品店的工资无法满足他的需求，所以当他看到独自走在胡同里的凯瑟琳时，便起了歹意，将其打晕并抢走了她的包，拿走现金后就把钱包扔在了附近的垃圾桶里，恰好被正在拾荒的洛克捡到了。

咖啡厅里的试探

“早上好，瑞恩，听说了吗？普莱诺市的一家银行被抢了！”

“早上好，丹尼尔，这已经不是什么新闻了。事实上我已经看了当时的监控录像，事发现场的一位美丽女士很可能与这件事有关。”瑞恩一边整理他的西服和领带，一边说。

丹尼尔看到瑞恩的穿戴与平日不同，便说道：“哦，瑞恩，看来你又接到了一个有趣的任务啦！”

“或许吧，如果假扮一个上班白领还算有趣的话。”**瑞恩耸了耸肩，拿起身边的公文包就出了门，现在他俨然就是一个举止绅士、神清气爽的上班族了。**

在一个咖啡厅的角落里，坐着一位气质优雅的女士，她正把玩着手中的咖啡杯。瑞恩向身边的招待要了一杯咖啡和一份点心，之后便径直朝角落里走去。当他走到这位女士身边时，他礼貌地说:“您好!小姐,我能坐在这里吗?”说着还环顾了一下四周,表示没有其他空余的位置了。

那位女士看瑞恩的穿着打扮、行为举止都很绅士,于是便点头答应了。

瑞恩坐下后,并没有急着享用咖啡和点心,而是拿出了报纸,一边喝咖啡,一边看报纸。瑞恩看得很认真,突然在伸手拿咖啡的时候弄洒了对面女士的咖啡。

“哦,真的很对不起,小姐,希望我的不小心没有给您带来不愉快。为了补偿您,这次的咖啡我请客。”瑞恩的行为赢得了女士的好感,接着,瑞恩便与她攀谈起来。这名女士自称名叫黛拉,两人聊得很投机,从报纸上一篇关于教育的报道谈到了他们各自的童年;**从可爱的小狗又谈到了减肥的成功案例,话题一直比较轻松,气氛也很融洽,能看得出,黛拉的心防已经渐渐松开了。**

瑞恩继续说道:“最近有一则新闻说在普莱诺市,一伙劫匪闯入了银行,但是好在银行的工作人员机警,结果劫匪们失败了。”

“是吗?我很少看报纸。”黛拉很大声地说,接着端起咖啡喝了一口。

“警方已经查看了监控录像,很难想象这些人可以躲到哪里去,因为录像画面很清晰。”

“警察会抓住他们的!但是这又和我有什么关系呢?一点

儿关系都没有。我没有钱存进银行，更不用关心什么人去抢银行了。”黛拉保持着她的高声调，并且脸上显示出了不耐烦。

瑞恩说到这里，很快就结束了谈话，离开了咖啡厅。随后，他对早已等在附近的警员说道：“你们现在可以请那位美丽的女士到FBI好好谈谈这起银行抢劫案了。”

伪装法

——换个身份接近对手

对于 FBI 特工来说，伪装是探案过程中的拿手好戏，换个身份接近对手能看到更多的事实真相。

先礼后兵法

——赢得对手的好感

从一些轻松的话题入手，能够让对手卸下心理防线。一些得体而绅士的举动更能赢得对手的好感，从而诱使对手说出更多。

破解身体语言法

——这里肯定有秘密

突然提高音量和音调是有备而来的前兆。当对手心里有鬼的时候，他们往往不自觉地提高自己的音量语调，企图制造假象来掩饰自己。

案件分析

瑞恩假扮上班族接近黛拉

瑞恩假扮上班族接近黛拉，是想试探她是否和那起银行抢劫案有关。瑞恩之前的绅士举动无疑赢得了黛拉的好感，使得黛拉有耐心和他谈论更多的事情。之前，黛拉的情绪一直都很稳定，没有任何波动，而谈到抢劫案时，她立刻提高了自己的声音，变得有些急躁，这样看来，她的嫌疑也就被扩大了。

答案

黛拉参与了银行抢劫案。

黛拉当即被带回了 FBI 进行审讯，最后她终于承认了自己的罪行。在这起抢劫案中，黛拉扮演了接线员的角色，并供认了自己的同伙。

朋友的证词

最近,瑞恩正在追查一起国际贩毒案件,而洛杉矶当地警方刚刚逮捕了一名疑似该组织的犯罪嫌疑人。

这一天,是入冬以来最寒冷的一天,瑞恩来到警察局,与贝特警探办理贩毒嫌疑人的交接工作。走进警察局,瑞恩看到了忙忙碌碌的贝特警探。

“嗨,瑞恩,你一定是来办理贩毒案交接工作的,不过现在我们需要仔细整理一下这个案子的卷宗,你先等我一下。”瑞恩点点头,找了个座位坐下。

“要来杯咖啡吗?”

“好的,谢谢!”

此时,警局大厅传来一阵吵嚷声。

“你这个狡猾的家伙,快点把我的钱包还给我!”一个穿着军大衣的彪形大汉向旁边的小个子吼道。

“我没偷你的钱，你诬赖好人！”小个子回答道，看起来像个服务生。

“别狡辩了，我亲眼看见你偷了罗斯福的钱包。”站在彪形大汉旁边的男人朝小个子吼道。

“都别吵了！”旁边的警员终于忍不住喝止了这三个人，“你来说，到底是怎么回事？”警员指着彪形大汉旁边的男人说道。

“警官，我叫萨姆，昨天我和罗斯福一起到小酒馆喝酒，之前听说那里的火锅不错，我们选了个靠窗的位置。酒喝了一半，我兜里的烟抽没了，就起身到外面的超市买了包烟，回来的时候，我透过窗户看到这个服务生正在掏罗斯福的衣兜。”

“你胡说！”服务生忍不住反驳道。

警员示意服务生别说话，对彪形大汉说：“你叫罗斯福？昨天的事你一点儿都不记得了吗？”

“是的，警官，正如萨姆所说，昨天我喝多了，萨姆出去买烟，我就想在桌子上趴一会儿，没想到后来竟然睡着了，直到萨姆叫我，我才醒过来。醒来后萨姆问我是不是丢了什么东西，我一摸，发现自己的钱包不见了，他告诉我他看见这个服务生偷了我的钱包，可是他却死不认账。”

“不是我，真的不是我，我是被冤枉的，警官！”小个子服务生急得快哭出来了。

“不是你是谁？当时已经很晚了，店里没有别人，除了你还能是谁？”罗斯福肯定地说道。

警员问萨姆：“是你亲眼看见服务生偷的？不会看错？”

“肯定没错！我在外面亲眼看见他把手伸进了罗斯福的衣兜里。”萨姆肯定地说。

警官回头对服务生说：“你还是快点把赃物交出来吧，否则你就得在警察局度过这个周末了！”

瑞恩把一切看在眼里，此时正好有一位女警员给他端来了一杯咖啡。他小声地在女警员的耳边说着什么，女警员向大厅中审问盗窃案的警员看了一眼，点点头，之后就走了。

女警员走到大厅时，审问盗窃案的警员正要把服务生关进审讯室。

她附在这位警员的耳朵旁边说了些什么就走了。这位警员向瑞恩的方向看了看，瑞恩端起手中的咖啡，向这位警员示意了一下。警员微笑着向他点了点头，然后转身对三位当事人说：“我已经知道是谁偷了罗斯福的钱包，这还多亏了 FBI 的一位朋友！可恶的小偷还不从实招来！”

跟FBI学探案

逻辑推理法

——没有天衣无缝的谎言

没有天衣无缝的谎言，一个编造的故事总能在某些方面发现它自相矛盾的地方。

萨姆的证词

萨姆说他们在靠窗的位置吃火锅，而此时正是寒冬，那么屋里是热的，外面是冷的，火锅的热气肯定会凝结在窗户上，从外面往屋子里面看是看不清楚的。

罗斯福是趴在桌子上睡着的，他的衣兜肯定在身子下面。如果偷盗者偷钱的时候面朝窗户，罗斯福的身体就会挡住偷盗者的脸，萨姆不可能看见；如果偷盗都偷钱的时候背朝窗户，那么萨姆更不可能看清他的脸。可是萨姆却说他亲眼看见了服务生把手伸进罗斯福的衣兜里，所以萨姆在撒谎。他撒谎的目的就在于掩盖事实真相，嫁祸给服务生。

案件分析

答案

萨姆偷了罗斯福的钱包，企图嫁祸给服务生。

当瑞恩听完萨姆的证词以后，就发现了他的破绽。为了洗清服务生的冤屈，他让送咖啡的女警员给了审案的警员一些关于窗户的提示，警员立刻知道了谁才是真正的盗贼。

成为嫌疑犯的萨姆刚开始很气愤，不承认自己偷了朋友的钱包，而后警员指出了他的破绽，使他不得不承认事实，最后乖乖地交出了罗斯福的钱包。罗斯福虽然不肯相信自己的朋友偷盗了自己的钱包，可是面对萨姆拿出的赃物，他只能怪自己被友情蒙蔽了双眼，萨姆也将永远生活在愧疚之中。

陷入圈套的歹徒

近日，一宗凶杀案困扰着FBI。凶手非常聪明，在现场没有留下任何线索，只有死者在死前留下的一行奇怪的数字。瑞恩怀疑是某种密码，于是打算请教密码专家约瑟夫。

“喂，您好，是约瑟夫教授吗？我是FBI特工瑞恩。”

“你好，瑞恩，我是约瑟夫，有什么事吗？”

“最近发生了一宗凶杀案，现场留下了一串奇怪的数字，可能是某种密码，我想麻烦您帮我们破译一下。”

“好的，没问题，你过来吧，我现在在家里。”

“非常感谢！”

挂断电话，瑞恩就拿起外套出门了。40分钟之后，瑞恩开车来到了约瑟夫教授的住宅。刚到大门口，他就发现门是虚掩着的，瑞恩的脑海里立即浮现出某种不祥的预感。根据特工的直觉，他意识到肯定出事了！他没时间多想，就立刻冲了进去。

果然，约瑟夫教授家里一个人也没有。瑞恩四下搜寻了一遍，房间里没有打斗过的痕迹，书房的书桌上放着一杯凉掉的咖啡。**书桌上的电脑是打开的，上面有动态的屏幕保护正在循环播放，显示着“1010/2”。瑞恩触摸了一下键盘，电脑立刻显示了桌面，桌面上并没有什么不妥。**

瑞恩盯着电脑陷入了沉思，这到底是怎么回事呢？看来约瑟夫教授已经出去很久了，可是刚刚明明在电话中约定好了，难道约瑟夫教授临时有事出去了？那么他应该事先通知我呀，这里肯定有问题！

瑞恩突然觉察到了什么，他立刻往约瑟夫教授家门外走。就在此时，门外传来了脚步声，紧接着从门外走进来一个黄头发的青年男子。**他看到瑞恩后，立即向后退了一步，瞪大眼睛问道：“吓我一跳，你是谁？为什么在这里？”**

瑞恩看着青年男子说道：“你好，我是约瑟夫教授的朋友，正好路过他家，想来拜访一下。可是他家里并没有人，那么你是？”

“我是他的侄子。”青年男子点点头说，“他临时有急事，乘火车去了亚利桑那州。他走得太急，嘱咐我如果有朋友来访，代他表示抱歉！”

“哦，是吗？你一定是他的侄子特伦斯吧！他经常向我提起你。他还跟我说你们住得很近，平时你也帮了他不少忙呢！”

“嗯，是的，没错，帮助他是我们晚辈应该做的。”

瑞恩见他点头，便伸出手上前一步，男子也握住了瑞恩的手。突然，瑞恩伸出的手改成抓握，立刻将男子的手臂拧到了身后，并给他戴上了手铐。男子奋力反抗道：“你疯了，你在干什么？”

瑞恩大声呵斥道：“快说，你把约瑟夫教授带到哪里去了？”

逻辑推理法

——挑战你的思维

通过细小的线索进行逻辑推理、演绎，进而找到事情的真相，这是FBI特工必备的技能。

破解身体语言法

——最诚实的腿脚

说谎者面对提问，当提到他做过的事或者接触过的事物时，他会做出与众不同的反应，而身体最诚实的腿脚往往会出卖他们。

陷阱法

——挖个陷阱让对方跳

试探一个人是不是在说谎，最简单而且最有效的办法就是也说个谎让他往里跳。

案件分析

瑞恩看到了约瑟夫教授的书桌

约瑟夫教授书桌上的咖啡还没来得及喝，电脑是打开的，这说明约瑟夫教授是突然离开的。屏保上的“1010/2”可以看作是一道除法题，1010 ÷ 2 = 505，这恰恰是英文单词里的 sos，即“救命”的意思。

瑞恩故意问他是否是约瑟夫教授的侄子

瑞恩告诉对方自己只是偶然路过，之后又故意编造了一个名字，结果得到了男子的肯定答案。这名男子很快就掉入了瑞恩设置的陷阱，这说明男子在撒谎。

答案

约瑟夫教授遭到了该男子的绑架。

这个男子及其同伙在约瑟夫教授放下瑞恩的电话不久后就冲了进来，绑架了约瑟夫教授。之后为了搜索一份文件又来到了他的家里，没想到碰到了瑞恩，并被识破。瑞恩逮捕了这名男子后，立即通知了 FBI 的其他特工。特工们通过秘密搜索，最后终于在一座废弃的工厂里找到了约瑟夫教授。

智破凶杀案

作为 FBI 的一名特工，瑞恩一直秉承着铲除罪恶的宗旨，他的生活是很不规律的，因为在这个复杂的世界里，犯罪分子随时都有可能作案，特别是在夜幕的掩盖下。这一天的深夜一点钟，警察局又接到报案，称经济学博士约翰的妻子被人杀害了。瑞恩急忙整理行装，赶赴案发现场。

不到半个小时，瑞恩就开车来到了约翰家门口。还没进门，瑞恩就听到房子里传出一阵犬吠。瑞恩按响门铃，约翰打开了房门，把瑞恩让进屋，**一条通体棕黄色的金毛犬在约翰身后上蹿下跳，准备向瑞恩进攻**。约翰大喊一声："米修，别吵！"它就乖乖地蹲在了约翰身边。

约翰的脸色很不好，他带着瑞恩来到厨房。约翰的妻子就倒在厨房的地板上，身上穿着睡衣，头部受到了重击。瑞恩在查看现场的时候，那条金毛犬也围绕在女主人身边，仿佛寄托了无尽的哀思。

约翰悲伤地说:“晚饭之后，我和妻子因为一点儿小事大吵了一架，一气之下我就开车出去了，在外面兜了两个小时的风，可是回来一看，妻子已经被杀害了。”

“那是什么时候？”瑞恩问道。

“那时大概是晚上十一点。肯定是我出去之后，我妻子也没有关门，有强盗闯进了我家，被我妻子发现了，所以就被灭口了。”

“家里有什么东西被盗吗？”

“有，抽屉里的现金都不见了，还有首饰盒中的宝石。”约翰伤心地回答道。

“你出去兜风的时候有没有带上你的狗呢？”

“没有，就我一个人出去的。”

现场取证的工作基本结束，接下来瑞恩准备从约翰的邻居那里了解更多的情况。

第二天一大早，瑞恩就敲开了邻居家的门。**瑞恩询问了几户邻居，他们都没有听到什么异常的声音**。其中约翰家左侧的邻居家里住着一位大学生，他正在准备毕业论文，昨天晚上一直都在写论文，整夜都没有睡觉。

根据这位大学生的介绍，在案发时间里，他也没有听到什么异常的声音。但是在十一点左右，的确听到汽车开出仓库的声音,这一点倒是与约翰的叙述相吻合。

但是一转身,瑞恩就将约翰逮捕了。

逻辑推理法

——没有天衣无缝的谎言

没有天衣无缝的谎言，一个编造的故事总能在某些方面发现它自相矛盾的地方。

瑞恩逮捕了约翰

瑞恩在一进门时，约翰的狗就狂吠不止，说明约翰的狗对陌生人是很敏感的。如果真有强盗闯进来，而约翰又没有把狗带走，那么这条忠实的金毛犬肯定会向陌生人发起进攻，也一定会惊动周围的邻居。事实上，金毛犬在案发时并没有叫，那么一定是与狗熟悉的人作案，因为小事与妻子争吵的约翰显然就是第一嫌疑人。

案件分析

答案

约翰杀死了自己的妻子。

瑞恩逮捕了约翰之后对其进行了审讯，约翰在审讯中承认了杀害妻子的事实。他与妻子在争吵中失手杀害了她，为了丢弃凶器，他才开车外出，伪造出不在场的样子。

阴谋失踪案

在瑞恩的办公桌上摆放着近三天的报纸，报纸的头条都是关于银行家斯蒂文森神秘失踪的报道。报道称自上周六，斯蒂文森从自己的别墅出门后就再也没有人见过他。

“在如今的时代，一个人要想失踪得无影无踪是绝不可能的。”丹尼尔很肯定地说。

“没错，所谓的失踪无非是故意失踪或是谋杀。携款潜逃的官员通常就是第一种情况，还有一种就是电视剧中丧失记忆的无聊情节。我们不妨来探讨一下，斯蒂文森先生更像是哪种情况。”

这时，贝特警探正好带来了这一案件的卷宗，瑞恩笑着说：“太好了，有了贝特警探的参与，这场讨论就更有意义了。”

按照贝特警探掌握的情况，斯蒂文森先生在上周六的下午对他的妻子说自己要到邮局寄些信件，如果有位名叫百瑞德的先生来访的话，就让他在自己回来之前进书房等一会儿，然后斯蒂文森先生就步行出门了。从那一刻起，他就消失不见了。

据说这位百瑞德先生和斯蒂文森先生在生意上有些过节，大概在斯蒂文森走后一刻钟，百瑞德就来了，并在他的书房待了一个小时。据斯蒂文森夫人描述，百瑞德是个身材高大、面目黝黑、长着浓密黑胡子的男人。就在周一，警察接到了报案，不仅斯蒂文森先生无缘无故地消失了，就连斯蒂文森先生书房中的保险柜也被人撬开了，里面的珠宝、证券、文件通通不见了。据斯蒂文森夫人说，保险柜应该是上周六就被盗了，直到周一才被发现。

"警员们已经在附近调查过，斯蒂文森先生既没有去邮局，也没人在火车站见过他，他就这样人间蒸发了。更不幸的是，斯蒂文森先生的银行刚刚破产了。"贝特警探说道。

"就像丹尼尔说的，一个人不可能消失得无影无踪，如果是自己藏起来了，肯定会找到蛛丝马迹；如果是被谋杀了，那么尸体现在也应该被发现了。"

"我们并没有发现他的尸体，只是在附近的一处湖泊里发现了他的衣服。"

"在斯蒂文森先生失踪前，他有什么异常吗？"丹尼尔问道。

"据他别墅的园丁说，并没有发现任何异常，而且斯蒂文森先生的照片就印在报纸上，警方并没有接到任何举报称见过他。”

“斯蒂文森先生和他的妻子关系如何？”

“哦，瑞恩，咱们想到一块儿去了。”丹尼尔兴奋地说。

“据了解，斯蒂文森先生虽然和他的妻子住在不同的房间里，但是夫妻感情还是很融洽的。斯蒂文森先生在近几年经常花大价钱为他的妻子购置名贵首饰，而且就在去年夏天，他还亲自到南非为他的妻子挑选钻石。”

“斯蒂文森夫人也一起去了吗？”

“没有。”

“现在掌握的证据都指向了百瑞德。上周日有人举报称找到了斯蒂文森先生失踪前戴的那枚钻石领带夹，周六晚上一个流浪汉把领带夹典当了，这个人名叫比尔·史密斯，曾在去年夏天偷窃了一位夫人的戒指而被拘留过三个月。他在典当那枚领带夹后，喝得酩酊大醉，竟然还动手打了一名巡警，他也因此被关进了警察局。据他交代，这枚领带夹是一个面目黝黑、长着大胡子的人丢弃的。”

“那这么说应该是百瑞德了？”

瑞恩听到这里沉默了一会儿，突然，他一脸轻松地抬起头说：“**先生们，我们来做一个有趣的假设。如果百瑞德因为生意上的过节绑架或者谋杀了斯蒂文森先生**，他为什么要盗窃书房里的保险柜呢？他是如何知道斯蒂文森先生的书房有保

险柜呢?他又是如何撬开保险柜的呢?我们无法想象去别人家里拜访,还带着作案工具吧!"

"那这么说,百瑞德是被冤枉的了?那么斯蒂文森先生在哪里呢?"

瑞恩又接着说:"**我们不妨再做一个假设,如果斯蒂文森先生是自己失踪的,他会把自己藏在什么地方而不被人发现呢?丹尼尔,如果你是斯蒂文森,你会躲在什么地方而不用担心被人认出来呢?**"

"这有什么难的?我会带着大量的珠宝财富随便去什么地方度过余生。"

贝特警探突然恍然大悟,拍着脑门儿说:"哦!难道你说的是他?"

逆向思维法

——反其道而行之

当事情的发展遇到瓶颈时，不妨从另一个角度来想问题，这会还原更多的事实。

换位博弈法

——站在对方的角度看问题

换位思考，站在对方的角度体验和思考问题，才能找到对方的需求，从而看清事实的真相。

特工瑞恩假设百瑞德是案犯

当瑞恩假设百瑞德是这起失踪案的案犯时，按照斯蒂文森夫人的描述，百瑞德应该是第一次到斯蒂文森家，他不可能事先知道会被带到书房，而且书房中有个藏有大量珠宝的保险柜，他也不可能撬开保险柜而不被发现，因为他根本找不到作案工具。

案件分析

特工瑞恩假设斯蒂文森是故意失踪的

特工瑞恩假设斯蒂文森是故意失踪的，那么斯蒂文森应该怎样隐藏自己而不被发现呢？瑞恩设身处地为斯蒂文森着想，那么最危险的地方就是最安全的地方，警察绝不会想到他们寻找已久的斯蒂文森就在自己的眼皮底下。

答案

斯蒂文森自导自演了一宗失踪案。

贝特警探带着斯蒂文森夫人去了监狱，见到了监狱里的比尔·史密斯，斯蒂文森夫人一眼就认出了他就是自己的丈夫斯蒂文森先生。原来斯蒂文森很早就开始策划这起失踪案了，所以他经常购买珠宝，把现金换成实物，而且去年夏天他也没有去南非，而是忙于塑造一个叫比尔·史密斯的流浪汉形象。因为外形的改变，他在塑造完这个人物之后不得不与假发套做伴。为避免妻子发现他的阴谋，他才和妻子分开住。在案发当天，他先是脱掉了自己的衣服并扔进河里，以掩人耳目，接着典当了领带夹，又袭击了一名警察，把自己送进了看守所，这样就制造出了斯蒂文森从人间蒸发的假象。

杯子的秘密

下午一点钟，瑞恩和丹尼尔来到纽约一家有名的珠宝行里，为丹尼尔的母亲挑选一件合适的首饰作为生日礼物。

“真的很感谢您能陪我一起来为我的母亲挑选首饰，您的眼光我是绝对相信的，而且有您在，我不会担心被那些故弄玄虚的店员所骗。”

“哦，能为您的母亲挑选礼物是我的荣幸。”瑞恩说道。他和丹尼尔来到了一个柜台前，丹尼尔认真地挑选着首饰。

这时，店里进来一对夫妇，丈夫身穿名贵的西服，手里拿着一个不锈钢保温杯，夫人的打扮也很时髦，看上去绝对是出手阔绰的富人。他们走到了瑞恩旁边的柜台，发现瑞恩正在看他们，于是丈夫礼貌地向瑞恩点了点头，之后转头告诉店员，今天是他们的结婚纪念日，所以打算替夫人挑选一些首饰，并拿出一张卡片递给店员。

丹尼尔感慨地说:“如果我也有这种贵宾卡，就能试遍店里所有的珠宝,因为这种贵宾卡只有少数顾客才有,象征着顾客的地位和诚信。”瑞恩没有搭话,这对夫妇似乎也听到了丹尼尔的话,丈夫又转过头来对瑞恩笑了一下。

果然,当店员看到贵宾卡的时候,热情地为他们介绍了多款符合他们要求的名贵首饰,那对夫妇商量了一下,决定先试戴看看。

而这时，丹尼尔也看中了一款镶嵌祖母绿宝石的戒指。瑞恩帮忙问了店员几个问题,从店员的神情中看得出这款戒指确实物有所值。但是这款戒指比较大,需要改一下戒指的大小,并约定下午五点钟来取戒指,之后瑞恩和丹尼尔就离开了这家珠宝店。

当瑞恩和丹尼尔再一次来到珠宝店取戒指的时候,恰巧之前见到的那对夫妇也正为他们选定的一套项链和一对手镯结账。**丈夫身后的妻子看起来不太舒服,捧着不锈钢保温杯的手在微微颤抖。**

丹尼尔取了戒指就要走,这时瑞恩示意丹尼尔不要作声，静静地在不远处观察着这对夫妇。丹尼尔此时也好奇地看向这对夫妇,不知道瑞恩又要玩什么把戏。只见结账的店员看了一眼夫人手中的杯子,丈夫注意到店员的神情,笑着说道:“我的妻子在神经方面有点病征,**大夫嘱咐每隔半小时必须吃一**

次药，所以才会随身携带保温杯。”

接着他向店员出示了口袋里的药片，并打开杯盖给店员看，里面的确是一杯咖啡。夫人微笑着表示歉意，同时轻轻拿起杯子，在杯子边上抿了一口，向店员证明里面的确只是满满的一杯咖啡而已。

瑞恩转身对身边的店员耳语了几句，只见店员走出柜台，默默地走开了。

结账的店员仍然对那对夫妇的杯子存有疑虑，丈夫看出了店员的疑惑，拿过夫人手中的杯子，将里面的咖啡都倒进了柜台旁边的垃圾桶里，并示意店员结账。因为倒出来的除了咖啡，并没有其他可疑的东西。店员此时不再疑惑，为夫妇二人结了账。

丹尼尔看到此处不明所以，问道："老兄，你又在耍什么把戏？"

瑞恩笑着说道："没什么，只不过帮了一下那个可怜的店员而已。"

"什么？"

正当丹尼尔疑惑的时候，珠宝店的保安带着一群警察在门口截住了那对夫妇，并在他们的杯子里发现了五件名贵的首饰。此时，丹尼尔才真正明白了瑞恩的话。

跟FBI学探案

破解身体语言法

——双手泄露心中的秘密

当人们的内心紧张不安时，往往表现在身体上。颤抖的双手往往是不安和心虚的表现。

逻辑推理法

——没有天衣无缝的谎言

没有天衣无缝的谎言，一个编造的故事总能在某些方面发现它自相矛盾的地方。

瑞恩观察夫妇的行为

瑞恩在第一次与这对夫妇接触时，就从他们的笑容中捕捉到了危险的信号。在这对夫妇结账时，瑞恩发现夫人捧着保温杯的手在微微颤抖，这更肯定了他心中的疑虑。他决定见机行事，先观察一下以寻找更大的破绽。

案件分析

夫妇向店员证明杯子没问题

丈夫说自己的妻子有病，必须每隔半个小时吃一次药，可是夫妇二人在珠宝店里待了整整一个下午，如果真如丈夫所说，妻子每隔半个小时吃一次药，那么按照时间推算，一个下午至少要吃五六次药，可是水杯里为什么还是满满一杯咖啡呢？看到这里，瑞恩断定这对夫妇肯定偷了店里的珠宝，于是通知身边的店员报警。

答案

这对夫妇用杯子装珠宝，企图偷梁换柱。

警员在这对夫妇的保温杯里找到了五件首饰，这些首饰都是他们用赝品替换下来的，他们的杯子也经过了特殊的处理，上面加了一层不锈钢杯桶，下面就有足够的空间可以装首饰了。

数字解密

近日，在迪迪酒吧里发生了一起谋杀案，报案人是酒吧的一位服务员。服务员当时正在隔壁的房间打扫卫生，突然听到死者的房间里传出了争吵声，但很快声音就停止了。当她来到死者房间外敲门时，里面没有人回应，她以为房间里没人，就拿着钥匙开门，准备收拾房间，可是一进门就看见了倒在地上的死者。

当时酒吧里正在举行单身派对，死者是派对的组织者之一——茱莉亚。在案发现场没有找到任何有利的破案线索，只是在死者的身旁发现了一串奇怪的数字“h71751”，显然是死者在临死前给破案人员留下的线索。

“瑞恩，这一串数字到底代表什么呢？”丹尼尔不解地问道。

“这就要开动你聪明的脑袋瓜了。”

"车牌号？电话号码？房间号码？还是别的什么？"

"任何一种可能我们都不能放过。"

"好吧，我们还是将现场的所有情况用相机拍下来吧！"

瑞恩围着死者以及那串奇怪的数字绕了一圈，说道："没错，丹尼尔，你确实应该这么做，不过我现在要去寻找凶手了。"

瑞恩在酒吧的房间里见到了派对的另一名组织者莉莉，莉莉一脸悲伤地看着瑞恩。

"先生，这真是太让人不敢相信了，茱莉亚下个月就要结婚了，我们因此为她组织了婚前的最后一个单身派对，没想到她……"莉莉一边哭一边说道。

"莉莉小姐，我对发生的事情感到很遗憾，但是目前最重要的是抓到凶手，您能告诉我昨晚的具体情况吗？"

"昨天晚上八点左右我们开始了派对，后来茱莉亚说她喝得有点多，要出去吹吹风，之后就不见了踪影。直到酒吧的服务员发现了茱莉亚的尸体，我们才知道她被杀了。"

"参加派对的一共有几个人，都是什么人？"

"一共九个人，我们都是大学时的好友，詹姆斯还是茱莉亚的前男友。"

"哦，前男友。他们俩的关系怎么样？"

"那都是好几年前的事了，他们虽然分手了，但是还保持着联系，也看不出两人有什么异样。"

"在派对中有谁离开过吗？"

“哦，当时很吵，我不太记得了。”

“你最后一次见到茱莉亚是在哪里？”

“是在酒吧的大厅里。”

“你对茱莉亚身旁的数字怎么看？”

“哦，这个我也不太清楚，我只知道詹姆斯的房间号是717。”莉莉把手放在了颈窝上。

“在茱莉亚出去的时候，你离开过吗？”

“没有。”莉莉的手在颈窝上来回摩擦着说。

“你和茱莉亚的关系如何？”

“先生，难道您怀疑我吗？我发誓我和茱莉亚是再好不过的朋友了，我们还一起合伙开了家美发店。”

“那你为什么杀了她？”

“我发誓绝对不是我杀了她！”

“你不要再狡辩了，茱莉亚已经告诉我凶手是谁了。”

跟FBI学探案

逆向思维法

——换个角度看问题

人们习惯了从正常的角度看问题，但是如果换个角度，则能够获得更多的信息，即使只是倒着看。

破解身体语言法

——颈部动作的异常

触摸或抚摸颈部是一种最常见、意义最重大的安慰行为，我们经常使用这样的动作来回应压力。而当女士触摸或抚摸颈部时，则表示她感觉到了苦恼、威胁、不适、不安全或害怕。

瑞恩围着数字绕了一圈

当瑞恩围着数字绕了一圈之后，他发现死者已经在死之前给破案人员留下了答案，那一串数字如果倒着看就是凶手的名字。“h71751”倒过来就是英文“IS LILY”(是莉莉)。

案件分析

瑞恩找到莉莉并向她询问事发时的情形

瑞恩为了确定凶手就是死者在死前写下的人，找到了莉莉询问事发时的情形，并且围绕案件询问了很多问题，这是为了观察莉莉在提到事发细节时的反应。当瑞恩提到死者房间的数字和她有没有离开过时，她的手一直放在颈窝上，这说明她对这些问题很敏感，也更加验证了瑞恩的猜测，让瑞恩从她的回答中找出了她杀死茱莉亚的原因。

答案

莉莉杀死了茱莉亚。

当瑞恩把事发现场的照片倒着给莉莉看的时候，她彻底崩溃了，她不得不承认事情都是她一人所为。她本来以为茱莉亚留下的数字能够让警方把怀疑对象指向詹姆斯。莉莉和茱莉亚合伙开了家美发店，但是生意不怎么好，两人准备将店卖掉，但是在财产分配上出现了分歧。事发时，二人就这一问题大吵了一架，莉莉一时失手杀死了茱莉亚。

都是咖啡惹的祸

刚从瑞士来到洛杉矶的哈娜小姐是一家企业的高级白领，她在业界的知名度很高，工作能力突出，总是能够得到公司老板和客户的好评。为了彰显自己的身份和地位，她对着装打扮也极为精心，身上的衣服都是精心挑选的国际大牌，手上戴着一块瑞士名表。

刚一下飞机，她事先预定的豪华酒店的女招待就热情地迎接了她。几个小时的旅途让她疲惫不堪，但酒店的环境与服务人员的态度让她感到格外舒心。女招待临走前，她交代女招待晚上为其送杯热咖啡，并爽快地递上了小费，接着就去洗漱了。

瑞恩因为要追缉一名毒贩，刚刚来到洛杉矶，也住进了这家酒店，就在哈娜小姐的隔壁。此时正是黄昏时分，他刚要下楼去吃晚饭，就听到隔壁传出了女人的尖叫声，接着听到有人在喊："快来人，快来人啊，有人抢东西了！"

瑞恩立刻从房间跑出来。隔壁房间的门是开着的，瑞恩看到女招待正躺在房门口，昏了过去，头上有一道殷红的血迹，穿着睡衣的哈娜小姐惊慌失措地站在房间里。很快，酒店的经理和几个保安听到呼声也赶了过来，十分钟后，当地的警察也赶到了。

瑞恩并不想轻易暴露自己的身份，但是这样的事情就发生在自己身边，他无法袖手旁观，所以悄悄地向警员们出示了自己的证件，随同赶来的警察勘查了现场。悲伤的哈娜小姐说自己丢失了一块价值不菲的名表，而且这块表是自己的未婚夫赠送的，所以意义非凡。瑞恩对哈娜小姐安慰了一番，说道："哈娜小姐，您能告诉我发生了什么事吗？"

哈娜小姐整理了一下自己的情绪，说道："因为我一整天都很疲惫，就吩咐女招待为我送来一杯咖啡，之后就去了盥洗室。就在我洗脸的时候，我听见房门开了，以为是女招待来送咖啡，所以就没有在意，继续洗脸。可是肥皂还没有冲洗干净，我就听见外面'扑通'一声，于是我连忙跑了出来，发现女招待倒在门口，回头一看，我放在桌上的手表不见了！"

就在这时，昏迷的女招待也醒了过来。瑞恩来到她的身旁，关切地问道："您怎么样，小姐？"

"好多了，先生，谢谢您的关心。"

瑞恩又说道："小姐，能不能告诉我发生了什么事？"

“好的，先生。”女招待勉强支起半边身子，继续说道，“我刚刚按照哈娜小姐的吩咐来给她送热咖啡，谁知我刚刚走进房间，就从门后窜出一个人来，朝我的头上狠狠地打了一棍，我立刻感觉头晕，就倒在地上什么也不知道了。”

“你看到歹徒的样子了吗？”

“没有，我当时背对着他，而且脑袋上挨了一棍，没有看清歹徒的样子，只知道他拿走了哈娜小姐的一块瑞士名表。”

瑞恩看着女招待，问道：“您说您一进门就被打晕了，是这样吗？”

“是的，先生，这实在是太可怕了！”

“您说，您不知道歹徒的样子，对吗？”

“是的，我没有看见歹徒的脸。”

瑞恩看了看女招待，走到哈娜小姐身旁，拿起了茶几上的那杯已经凉掉的咖啡，**对哈娜小姐说：“哈娜小姐，这杯咖啡是您交代女招待送来的，对吗？”**

“是的，因为旅途疲惫，我想喝杯咖啡赶快睡一觉。”

女招待看到瑞恩端起了那杯咖啡，急忙说道：“咖啡已经凉了，小姐，我去给您换一杯吧！”

瑞恩嘲讽地说道：“不用了，我想您还是到警察局去交代同伙比较重要。”

逻辑推理法

——没有天衣无缝的谎言

没有天衣无缝的谎言，一个编造的故事总能在某些方面发现它自相矛盾的地方。

瑞恩故意重复女招待的说辞

瑞恩故意重复女招待的说辞，是为了让女招待没有机会改口，因为那时他已经发现了事情不符合逻辑的地方。如果真像女招待所说的，她一进门就被袭击了，那么她手中端着的咖啡也就会随着她的倒地而洒掉，可是咖啡却好好儿地放在桌子上，而女招待说没看见歹徒的脸就完全是在撒谎。

答案

女招待与人合伙盗走了哈娜小姐的手表。

瑞恩将女招待的破绽一一呈现在她的眼前，她哑口无言，只得承认自己的罪行。原来她与酒店中的一名男服务员共同导演了这场苦肉计。哈娜小姐一下飞机，女招待就从她的穿戴中看出她很有钱，也看见了她手上戴着的名表，于是她与男服务员计划好实施盗窃。为了摆脱嫌疑，她故意弄破了自己的额头，假装晕倒。最后，女招待和她的同伙被逮捕，赃物也在男服务员的更衣室里找到了。

电风扇的破绽

盛夏的一天，酷热难耐。瑞恩正在自己的办公室里，突然一阵急促的电话铃声响起。瑞恩拿起电话，话筒里传来了一个男子结结巴巴的声音："警察先生，我刚从外面回到家，就看见我的房门下塞着一封信。我打开一看，是我的女朋友爱瑞斯写的，她在信上说要自杀。我见到信后就立刻赶了过去，可是我拼命地敲她的房门，但是怎么敲都没有回应，我很怕她已经寻了短见……"男子越说越着急，渐渐带了哭腔。

瑞恩猜他一定很伤心，问道："您现在在哪里？爱瑞斯住在哪里？"

"我在蒙特公寓的门前，爱瑞斯就住在这所公寓里。"

"好，我尽快赶到。"说完，瑞恩就和同事丹尼尔驾车赶往蒙特公寓。在蒙特公寓的门口，他看见一个瘦高的年轻人迎面跑了过来。瑞恩和丹尼尔下了车，那名年轻人痛苦地和瑞恩握了握手，自我介绍说他叫威廉，之后就递上了一封信，说："这就是爱瑞斯写给我的信。"

瑞恩伸手接过信件，扫了几眼，便把它放进了口袋里。接着，他让威廉带路去了爱瑞斯的房间。丹尼尔撬开门以后，在公寓的书房中发现了爱瑞斯。只见爱瑞斯倒在地板上，心口上插了把刀，由于刺得太深，只露出了刀柄，而爱瑞斯的双手则紧紧地握着刀柄。在她旁边的书桌上，还摆着一台电风扇和一份遗书。

威廉看到地上的爱瑞斯，不顾一切地冲上前去，刚要抱起死者的头就被瑞恩制止了。瑞恩仔细勘查了现场，他看到爱瑞斯的脚下有一根电线，电线一头连着电风扇，另一头的插头已经从墙壁的插座上拔出来了。

是爱瑞斯从椅子上倒下时碰掉的？瑞恩心里滋生了一个假设。

瑞恩拿起插头重新插入了墙壁的插座上，电风扇迅速旋转起来。一股凉爽的风迎面而来，书桌上的遗书也被风吹到了地上。瑞恩弯腰捡起了地上的遗书，看了看威廉，很肯定地说："这不是自杀，是他杀！"

丹尼尔问："可是爱瑞斯留下了遗书呀！"

"遗书是伪造的，不是死者写的。再狡猾的罪犯也会留下蛛丝马迹。"瑞恩一边说，一边走向了书房的窗户。窗户开着，没有一丝凉风进来，窗台下有半个脚印，他突然回头说道："你说对吗？威廉先生！"

威廉突然听到瑞恩的问话，愣了一下，支支吾吾地说："是……是啊！"同时眼睛看向了瑞恩手中的遗书，说道："可是先生，你怎么确定遗书是伪造的呢？"

"哦，这很简单，电风扇告诉了我。威廉先生，你还是跟我走一趟吧，你会有机会知道是在哪里露出破绽的。"

逻辑推理法

——没有天衣无缝的谎言

没有天衣无缝的谎言，一个编造的故事总能在某些方面发现它自相矛盾的地方。

瑞恩打开了电风扇

瑞恩看到了书桌上的电风扇和遗书，又看见掉了的插头，他就想到是死者倒下时绊到了电线所致。可是当他插上插头时，电风扇开始转动，书桌上的遗书被风吹落。如果那封遗书是爱瑞斯生前所写，那么遗书肯定不会在书桌上。因而很明显，是有人伪造了遗书，在爱瑞斯死后放在了她的书桌上。

案件分析

爱瑞斯心口中刀而死

断定爱瑞斯是他杀后，要找到嫌疑人就很简单了。爱瑞斯是心口中刀，而且房间没有挣扎打斗的痕迹，那么凶手一定是爱瑞斯熟悉并且关系很亲密的人。作为爱瑞斯的男朋友，威廉的嫌疑是最大的。

答案

威廉杀死了爱瑞斯并且伪造了遗书。

威廉被带到警察局后拒不认罪，只说凶手另有其人，直到瑞恩告诉他，已经将窗台上的半个脚印与他的脚印做了对比，结果完全吻合。威廉见事情完全败露，不得不交代了一切。原来爱瑞斯移情别恋，准备和威廉分手，威廉一气之下杀死了爱瑞斯。为了逃避惩罚，威廉就伪造了遗书，锁上了房门，从窗户逃走，制造出死者自杀的假象，之后他又报了警。本以为万无一失，却最终邪不胜正。

缉拿毒贩

据 FBI 的可靠情报得知，近日，一名国际贩毒团伙的成员将出现在美国西海岸的一个海滨浴场。FBI 决定派得力干将瑞恩前往缉拿这名毒贩。当瑞恩接到命令后，他和同事丹尼尔就立刻收拾行装，奔赴海滨浴场。

此时正是盛夏旅游的旺季，海滨浴场上的游客们兴高采烈地玩耍，尽情地享受着日光浴。瑞恩和丹尼尔也换上了泳装，在这片海滩上寻找目标。

“这个狡猾的毒贩可真会选地方。”

“没错，人越多的地方越容易藏身。”说着，瑞恩注意到在一处太阳伞下，一名穿着黑色泳衣的女子与情报中描述的毒贩极为相似。正当瑞恩打量着对方的时候，对方也同时发现了瑞恩。那名女子似乎意识到了自己的处境，准备逃跑，瑞恩马

上意识到，如果此时不将其逮捕，以后将很难再将其抓获。

“快，丹尼尔！”说着，瑞恩拔腿就去追那名女毒贩，丹尼尔听到瑞恩的指示后，也紧跟其后。可是那名女毒贩突然跑起来，并且一边跑一边大声喊救命，海滩上顿时一片混乱。海滩上的救生员和一些热心的游客都把瑞恩当成了歹徒，纷纷加入追赶的行列，试图救下那名女子。

很快，瑞恩和丹尼尔被大家拦下，瑞恩赶忙出示证件，可是此时女毒贩却趁乱逃脱了。丹尼尔看见那名女子向海中快速地游着，当时虽然游客众多，但是只有她一人身穿黑色泳衣，所以很容易发现她。瑞恩吩咐丹尼尔监视女毒贩的动向，自己则去向当地的警察局请求支援。

丹尼尔看着这名女子不断地向对岸游去，最后竟不知所踪。当瑞恩与当地的警员乘船前往查看时，她已经逃之夭夭了。

“瑞恩，我发誓，我一直看着她往对岸的方向游去。”

“可是事实是她已经逃走了。”瑞恩想了一下，又问道：“在你看着她的时候有什么船只驶过吗？”

“哦，是的，有一艘快艇从太平洋海岸飞驰驶过。”

瑞恩听后，马上乘船去截查这艘快艇。这艘快艇归好莱坞一位小有名气的女影星安妮·波特曼所有，瑞恩在快艇上见到了安妮·波特曼。**她穿着一件很大的浴袍，正拿着毛巾擦头发，她的头发是迷人的金色，与那名逃跑的女毒贩截然不同。**简单地对其说明来意之后，瑞恩便进入快艇进行搜查，但是在快艇上并没有发现可疑的人，也没有发现可疑的物品。显然，波特曼对瑞恩等人的突然闯入十分恼火，她抱怨地说："哦，真是糟透了，我正在洗澡，该死！"

瑞恩来到波特曼面前说："真是对不起，波特曼小姐，或许是我们搞错了。我看过您演的电影，真是棒极了，我的夫人和女儿都非常崇拜您，在我的家里有很多您主演的影片。"波特曼的面色稍微缓和了一下，瑞恩又接着说：**"说实话，我本人也是您的崇拜者。我真的很荣幸能和您相见，今天的事我真的很抱歉，希望您能接受我的道歉之吻。"**说着，瑞恩绅士地举起波特曼的手，轻轻地吻了一下。波特曼虽然很不情愿，但伸手不打笑脸人，何况是接受崇拜者的道歉。

丹尼尔跟在瑞恩身边，不知道他在搞什么名堂，为何要在这里浪费时间，他着急地说："瑞恩，我们应该再到别处看看。"

瑞恩舔了一下嘴唇说："丹尼尔，我想我们不必再走冤枉路了，您说对吗？波特曼小姐，还是跟我们到FBI走一趟吧！"

先礼后兵法

——赢得对手好感

捧高对手使对手内心自鸣得意，赢得对手的好感，从而卸下心防，忽略我们设下的陷阱。

逻辑推理法

——没有天衣无缝的谎言

没有天衣无缝的谎言，一个编造的故事总能在某些方面发现它自相矛盾的地方。

瑞恩奉承波特曼

瑞恩本来对女毒贩的消失就心存疑虑，得知快艇经过时，他就断定肯定是毒贩事先安排的，所以在快艇上无所收获时，就打算在波特曼身上找突破口，赞美她的影片，并表明自己是

案件分析

她的崇拜者，这样有利于卸下波特曼的心防，从而达到自己的目的。

瑞恩亲吻波特曼的手

瑞恩与波特曼交谈的目的就是赢得亲吻波特曼的手的机会。瑞恩在看到波特曼穿着浴袍、擦着湿头发的时候就怀疑波特曼就是他们要找的人，但是没有任何证据能证明波特曼在说谎，所以当瑞恩亲吻了波特曼的手，并舔了舔嘴唇之后，他发现波特曼的手是咸的。如果真是洗澡而弄湿的话，为什么手上会有海水的咸味呢？

答案

波特曼就是瑞恩要抓捕的女毒贩。

波特曼在瑞恩抓捕她的时候大喊大叫，奋力反抗，称他们抓错人了，但是当瑞恩问她的身上为什么有海水的咸味时，她立刻哑口无言了。经过审问，波特曼不得不承认自己所犯的罪行。原来波特曼最近迷上了毒品，但为了防止身份泄露，她每次参与毒品交易的时候都经过伪装。她没想到会被 FBI 的特工们盯上，当她游向大海的时候就摘掉了自己的假发，上了快艇之后便伪装成刚刚洗过澡的样子。

丢失的情报

最近，美国联邦调查局丢失了一份非常重要的情报，这使得 FBI 立即陷入被动局面，而且许多潜伏的特工都面临着生命危险。FBI 决定不惜一切代价也要抓到窃取情报的间谍，并找回丢失的情报。

当瑞恩接到这个任务的时候没有任何犹豫，他立刻想到了一直活跃在这一地区的间谍杰西卡。杰西卡是个迷人的女子，她的行踪诡秘，曾经是有名的通天大盗，她的技艺超群，最近竟来到 FBI 眼皮底下作案。

通过一系列的追踪，瑞恩终于在一个破旧的小旅馆中发现了她的踪迹。为了确定杰西卡是否在 FBI 有内应，瑞恩对她进行了监视。但是一天过去了，杰西卡并没有离开旅馆，也没有与其他人联系，情报也没有被泄露的痕迹。瑞恩凭着多年的经验判断，是她盗取的情报。于是瑞恩贸然带领 FBI 特工包围了旅馆，闯进了杰西卡的房间。

小旅馆的居住条件很差，通风不好，光线也很暗，房间里显得异常闷热，只有一台密封式的电风扇在呼呼地旋转，给房间里带来些许凉风。除此之外，就是简单的家具了。

杰西卡面对特工们的突然闯入，显得有些惊慌，但她很快就镇定下来，若无其事地打量着持枪逼近的特工们。

瑞恩断定就是杰西卡盗走了情报，威严地说："杰西卡，快把情报交出来！"

杰西卡无动于衷地说："你在说什么？我听不懂。"

瑞恩见杰西卡不打算承认，便命令其他特工们对整个房间进行搜查，可是翻箱倒柜找了半天，仍然一无所获。这时杰西卡走到电风扇前，悠然地吹着风，更加肆无忌惮起来，说道："警察先生，搜完了吗?找到你们要找的东西了吗?如果你们再不离开我的房间，我就投诉你们！"

瑞恩思忖片刻，情报应该就在房间内。如果没有找到证据，即使将杰西卡抓捕也无法进行指控。他又打量了一下房间，所有的角落都已经找遍了，**瑞恩突然注意到了杰西卡身后的电风扇**。他轻笑了一下，说道："房间里真是很热呀，有了这个小风扇，真是惬意多了！"

杰西卡的脸上微微变色，她抿了抿嘴唇，轻笑一下，之后又抿紧了嘴唇。

瑞恩看到杰西卡的表情后，立即上前关掉了电风扇的按钮，说："我可爱的警员们，我想我们可以收工了。哦，别忘记带走我们的杰西卡女士。"瑞恩说着正往外走，又回头说了句："还有电风扇。"

杰西卡立刻垂头丧气起来。

发散思维侦查法

——发挥思维的潜能

发挥思维的潜能，从不同角度、不同方面思考问题，从某一事物出发，以此为发散点，尽可能多地与另一事物联系起来，会收到意想不到的效果。

破解身体语言法

——我知道你在想什么

当对手遇到麻烦或者什么地方出现了问题时，就会紧闭双唇，这被称作嘴唇按压。

案件分析

瑞恩提到了电风扇

瑞恩打量房间后，看见了电风扇，他立刻联想到情报可能藏在电风扇里。于是他故意在杰西卡面前提到了电风扇，以此来试探。当他看到杰西卡的反应后，立即肯定了自己的推测。

答案

杰西卡把情报藏在了电风扇中。

当瑞恩关掉电风扇后，立即发现了贴在电风扇叶片上的情报。当叶片高速旋转时，肉眼是无法看清贴在叶片上的纸片的。加上旅馆的居住条件很差，室内温度很高，来检查的警员应该都不会主动关掉风扇。杰西卡企图以这样的方式蒙混过关，但最终还是无法逃过久经沙场的瑞恩的法眼。

摄影师之死

早上，瑞恩刚刚走进办公室，同事丹尼尔就跟了进来。

“瑞恩，在曼哈顿发生了一起命案，需要我们立即出发！”瑞恩听后不敢有片刻迟疑，急忙收拾东西和丹尼尔出门了。

“先简要说一下案情。”瑞恩边开车边说。

“今天早上，有一位自称是乔的男子报案称他的朋友保罗死在了家中。保罗是一位摄影师，乔是一位明星的经纪人。他们约在今天去为那位明星拍照，可是当乔来到保罗家时，发现他已经被害了。大致情况就是这样。”

瑞恩点了点头，说：“好的，看来要知道更详细的情况，就需要仔细勘查现场了。”

二十分钟后，瑞恩和丹尼尔来到了案发现场，报案人乔正一脸惊恐地站在门口。据乔介绍，他们在前天电话约定今天去为那位明星拍照，可是当他来到保罗家的时候，发现门没有锁，他立刻感觉到事情不对，赶快推门进去，果然，他的朋友保罗已经没有了呼吸。乔显然是被吓坏了，说话有些颠三倒四。

经过严密的勘查，瑞恩断定保罗死于前天下午的四点到六点之间，死亡原因是氰化物中毒。事发地附近的监控录像显示，前天有两个人曾经在出事时间内找过保罗。经辨认，其中一位是影视新星欧文的姐姐兼经纪人詹妮弗，而另一位因为伪装得较为严密，不容易辨认，但看身形是个男人。

正当瑞恩采集现场指纹的时候，突然接到了一个电话，有人主动到警局投案自首，说是他杀了保罗。瑞恩留下丹尼尔继续勘查现场，之后来到警察局见到了投案自首的詹妮弗。审讯室中的詹妮弗显得有些沮丧，见到瑞恩就说："是我，是我杀死了那个摄影师。"

瑞恩让她别着急，递给她一杯水，问道："当时情况是怎么样的，你可以慢慢说。"

詹妮弗称在案发当天上午，她刚刚起床，家里的电话就响了，打来电话的是保罗。原来在詹妮弗的弟弟欧文还没有成为明星的时候，姐弟俩的生活很艰难，欧文曾经偷盗过商店里的东西。不知道保罗从哪里得来的消息和证据，在欧文出名之后就总是以此来要挟欧文，这次保罗要求詹妮弗带 10 万美金到他家里。作为欧文的姐姐兼经纪人，她不想因此让弟弟声名狼藉，所以决定杀死保罗。

“我当时坐在床上发呆，想了很多办法，最后想到了用毒药毒死他，于是我就朝储藏室走去。**乱翻了一通后，我终于在一个抽屉里找到了一个纸包，里面是氰化钾粉末，这是以前制作显像定影剂用的**。我就拿着这个纸包来到那个家伙的住处，趁着他数钱的时候，把毒药放进了他的杯里。”

瑞恩看着詹妮弗，**她在叙述整个过程的时候，眼睛一直向左下方看**。就在詹妮弗说到这里的时候，瑞恩接到了丹尼尔的电话：“嗨，瑞恩，现场只有四个人的指纹，一个是保罗本人的，一个是乔在今天早上留下的，另外两个分别属于明星欧文和他的姐姐詹妮弗。”

瑞恩放下电话，看着詹妮弗说：“詹妮弗小姐，您不要替真正的罪犯隐瞒了，我已经知道是谁杀死了摄影师！”

逻辑推理法

——没有天衣无缝的谎言

没有天衣无缝的谎言，一个编造的故事总能在某些方面发现它自相矛盾的地方。

破解身体语言法

——说谎的眼神

在叙述事情经过的时候，如果对方的眼睛一直向左看，那么他肯定是在构思一个编造的故事，如果眼睛向右看则表示在回忆，当然左撇子的人除外。

詹妮弗对事情经过的叙述

詹妮弗说她在储藏室里找到了装在纸包里的氰化钾粉末，这完全不合常理。因为氰化钾有很强的毒性，而且容易潮解，不可能在纸包中放置太长时间，所以詹妮弗在说谎。

案件分析

詹妮弗叙述经过时的眼神

詹妮弗在叙述事情的经过时，眼睛一直向左下方看，这也正说明她叙述的事情都是捏造的，而目的很可能是为了掩藏真正的凶手。

瑞恩接到丹尼尔的电话

丹尼尔在电话中说现场有四个人的指纹，一个是保罗本人的，一个是乔的。乔在第二天早上才到，不可能是凶手，詹妮弗明显是在说谎，把她也排除掉，那么剩下的那个人就是凶手了。

答案

欧文杀死了摄影师保罗。

瑞恩在审讯过詹妮弗后，立即逮捕了欧文。面对铁证，欧文不得不承认实情。原来每次保罗向姐弟俩勒索钱物都是与詹妮弗联络，当詹妮弗接听保罗的电话时，欧文无意中听见了两人的对话，冲动的欧文立刻决定杀人灭口，所以他尾随詹妮弗来到了保罗的家里。詹妮弗离开之后，他借故进到保罗家中，趁机杀死了保罗。